前言

以文化創意作為生活方式的提案

文化是一個國家的心靈和大腦，它的思想有多麼深厚，它的想像力有多麼活潑，創意有多麼燦爛奔放，它自我挑戰、自我超越的企圖心有多麼旺盛，徹底決定一個國家的真實國力和它的未來。

——龍應台

近幾年，更多的人在談論文化創意產業、文化創意品牌。它們作為經濟發展的重要動力，甚至是國家競爭的軟實力，已經在全球多個國家得到政府的認可和推動。在坊間，文化創意產品，作為價值信仰或生活行為方式的載體，亦為更多有識之士推行。文創產業和品牌的實踐者，在微觀層面，把抽象的文化（價值、觀念）要素，透過創意與智慧的輸入，具象到可以感知並具有實用功能的產品中，為我們內心深處所認同的某種精神內涵，找到了清晰的物質載體和歸屬感。在社會層面，他們以獨特的角度理解自然、歷史、社會、經濟、工藝、技術等不同時空的文化要素，發揮個人的創造力，將其

滲透於生活方式與日常產品的細節，期望建立某種具有宏大意義的社會文化願景。

　　文化創意品牌的核心在於它所確立與宣導的價值觀與生活行為信仰。它們重構了人與物的關係，傳遞信念，建立價值與信任的基礎，進而影響人們的生活行為方式。每一個文創品牌誕生的背後，都有一個打動人心的故事。故事所傳遞的，是品牌創辦人基於專業技術、生活需求、價值體驗、社會實踐思考出發的一套生活信仰。這一信仰嚴謹而細密地實踐於文創品牌的每一個細節，從品牌視覺感官，到產品材質、功能結構、裝飾審美，再到行銷、服務、使用步驟的每一個環節，都在訴說關於這個品牌的文化精神氣質。這種氣質，顯然源於滋養它的自然地理、歷史傳統、社會人文與現行機制。因此，每一個文創品牌都具有鮮明的文化屬性。然而，更可貴的是，這些文創品牌在具有地域、民族、文化差異特徵的同時，又多蘊含了地球村公民的普世生活價值觀，令其能穿越國家民族、語言文字的界限，在網路互通的大同世界裡，為無差別的世界公民所接受。

從某種意義上來說，文創品牌正在成為一種引領多元文化生活行為方式的解決方案。

　　本書採訪了來自不同國家、地區的 30 個文化創意品牌。它們備受不同民族、階層、語言文化人民的共同喜愛、推崇，也代表了當下文化創意產業發展的豐富樣貌。在本書中，品牌的創辦人（設計師、廣告人、媒體人、工匠藝人、普通人）以最大的真誠吐露心聲，與關注和喜愛文化創意品牌的讀者，一起回顧品牌創始的那些看似偶然卻又必然的機遇，講述其誕生的機緣與發展的故事，細數產品製作過程中經歷的挫折與喜悅，期待與更多人分享蘊含在產品、品牌中的生活理想。每一個品牌創辦人，既是文化的研究者、發掘者，更是文化內容的創造者。正如品物流形品牌創辦人、設計師張雷所言──「傳統在未來！」

　　今天，借助互聯網，借助品牌行銷與傳播的力量，這些文創品牌與產品得以走出國界、漂洋過海，與更多人分享。不同背景的購買者、使用者，在

產品中感受各個國家民族源遠流長的社會文化生活中溫存的感性；在使用的過程中活化、傳遞、豐富產品和品牌的內涵。文創品牌以及它們的創造者，又何嘗不是在創造新的文化與歷史呢？

沈婷

文創的初心

　　品牌對消費者而言，是一種熟悉的生活方式，而對生產者而言，品牌得以令它們在激烈的市場競爭中脫穎而出，走進消費者的內心。透過精準定位、形象構建、產品設計、客戶服務、銷售推廣、價值溝通，品牌將其形象內化為消費者心中的美好感覺，令消費者在需要某種產品時，自然而然地聯想到該品牌生產的商品。當聽到「品牌」這個詞，我們很容易想到美國科技公司「蘋果」、日本汽車廠家「豐田」、咖啡店連鎖帝國「星巴克」……，但除了這些聲名遠揚的大品牌，也有一些相對小眾和低調的品牌，默默成長並影響周圍的社區，並慢慢擴大它們的影響力。這些品牌大多以創辦人為中心進行建設，提供的產品和服務往往能體現創辦人個性化的追求和品味，及其（很可能）擁有的設計、藝術、工藝、廣告、媒體背景。

　　這些品牌被叫作「風格品牌」——因其擁有與大眾商品截然不同的鮮明風格；其中有些被叫作「設計師品牌」——因設計是其產品製作與品牌建設的關鍵要素；有些被叫作「小眾品牌」——有些規模尚未壯大，知道和支持

的人尚不多，有些對市場進行了細緻、清晰的劃分，專為某一類特定的消費人群而創立。而有人將它們統稱為「文創品牌」——以「文化」、「創意」二詞，闡明這些品牌的創立初衷與實際內涵。我們試圖從眾多「風格品牌」中，挑選足夠稱得上「文創」的，探究它們得以成立、成型、成功的祕密，為品牌建設提供一個獨特的視角和一些有趣的觀念。

經過一年的採訪，我們發現這些品牌的創辦人和他們創立的品牌、製作的產品一樣可愛。他們對產品生產和品牌建設有與世界知名品牌不相上下的嚴苛要求。在他們的眼中，產品不僅看上去要「美」，也要有「內容」；除了滿足基本需求，還要帶給人驚喜；如果能因此改變人們的生活方式和思維方式，那更是令他們振奮。在品牌創建之初，他們往往花費大量時間去制定完整而生動的品牌策略；在設計產品和包裝時，他們會下很大功夫，令產品具有符合其內在精神的外觀；在行銷上，他們注重和消費者溝通情感價值，呈現有別於其他品牌的豐富樣貌。而最重要的，是在創立品牌之前，他們往

往迫不及待，想向世界傳達他們的「念想」和「創想」。懷著讓這個世界因此變得更加美好的願望，他們將這「念想」和「創想」，塑造成獨一無二的文創品牌。

這念想，不是為了迎合媒體和大眾的口味而捏造出來的童話故事，而是來源於希望世界變得更加美好的真心；這創想，不只是將產品設計得新鮮又好看，而是汲取生活、社會、傳統的營養，又大膽顛覆它們。由這「念想」與「創想」構建的文創品牌，擁有在文化與創意上打動人心的真實力量。

我們精心挑選來自不同國家和地區的 30 個傑出的文創品牌，透過理念分享，產品展示，與創辦人、設計師、經營者的對談，企圖讓您看見它們在文創標籤下的真實面貌。在人人都是自媒體、創業客的時代，這本書不僅能為您的品牌建設提供有益參考和靈感啟發，更能幫助您找到開始這趟旅程，乃至任何旅程的初心。

本書得以順利出版，離不開各個品牌的傾力支持，無論是實地考察、當面採訪，還是電話溝通、郵件往來，這些品牌都以一片赤誠之心，將其創業歷程與成敗經驗娓娓道來，分享給年輕的創業者們。特別感謝方所書店創辦人毛繼鴻先生與臺灣創意設計中心執行長林鑫保先生，在繁忙之中閱讀本書，並為它寫下誠摯的推薦語。因書中的採訪對象來自不同國度，存在多語言翻譯，儘管苛求盡善盡美，交流、記錄過程中難免有疏漏之處，還請讀者朋友多多批評指教。

郭大澤

目錄

文創探祕

產品和品牌如果僅僅停留在滿足功能的層面，則很難建立起品牌忠誠度。在滿足基本功能的同時，透過深挖產品背後的文化、精神、內涵，與消費者的精神世界建立連結；或以顛覆性的產品和服務，給消費者嶄新而驚喜的消費體驗，就讓產品和服務有了『靈魂』與『溫度』、『風格』與『個性』。如何挖掘文化？又如何顛覆創新？讓這十五個品牌告訴你。

一個看起來是、摸起來是、吃起
來是農產品的掌生穀粒,偏偏不
僅僅是賣農產品!

二〇〇六年以來,掌生穀粒用盡
一切力氣,透過平凡、平實、平
常的白米,想傳達想呈現的真正
價值,其實是臺灣人的生活風格。

這包括了歷史的文化風霜、地理
的風土條件、人文的感官飛揚,
以及最重要的——臺灣人對待土
地的友善態度。

程昀儀
當過記者,廣告文案指導,還拿過一座時報廣告金像獎。
2006 年,與擔任攝影師的先生李建德一同成立「掌生穀粒」,
用文字和影像,為農人的自信之作服務,記錄農業的人文風
土,向更多人分享臺灣當地的美好食材與飲食文化。

www.greeninhand.com

臺東德高秧苗廠一隅：秧苗冒芽了，大家將秧苗箱在戶外排排擺好，等待秧苗長高長肥長綠了，下田。

花蓮玉里秧苗廠：長得綠油油的秧苗。

臺東海岸梯田：稻農正在割稻。

臺東鹿野：收割完畢的稻田風景。

一袋米裡的臺灣滋味

　　臺灣的面積很小，卻占了全世界 2.5% 的生物密集度，生物物種非常豐富。小小島嶼對生命的寬容度很大，而生命對於這片土地的適應力也很強。在程昀儀看來，這是臺灣美好的生命現象。「如果全世界的年輕人都在努力地報名想當澳洲大堡礁的島主，那臺灣的年輕人知不知道自己的家園就有很豐富的樣貌呢？」

　　作為從小在臺北長大，讀書到工作都沒怎麼離開過臺北的小孩，程昀儀對土地和鄉下有一種奇怪的鄉愁。大學念中文的她，幻想有一天能在鄉下教學，「最好能划著船去上班，帶著學生爬到樹上教學」。「處心積慮想要嫁給鄉下人」的她最終和來自臺東的先生結婚，並由此開始了與米和大地的緣分。

　　因為父親是文職軍官，家裡從小吃的米是軍中的戰備存糧，這讓程昀儀留下了「米飯不好吃」的印象。等進入求學和工作階段，她也認為在餐館裡沒有吃到好吃的米。「在日本，米飯往往是大師、大廚要去操控的事情。在臺灣，大家習慣在菜色上面比拚刀工火候，不太講究米這件事。」

臺灣東海岸梯田。透過農產品，掌生穀粒實際想傳達的，是臺灣獨有的人文風土。

　　1999 年冬天，程昀儀吃到了臺東婆婆為他們寄上來的新米。她驚嘆：這真的是平常吃的食物？怎麼這麼好吃？她忽然意識到，從產地採收，到成為貨架上的包裝商品，米早已不是曾經的模樣。「它被混充、調和、包裝過了，失去了最開始美好的滋味。」

　　吃米吃了五六年，一直到 2006 年，一件事讓程昀儀決定改行做米。那一年，紅衫軍走上街頭，抗議政府的貪腐行為。那一天，程昀儀從家走到工作室，遇到在街上遊行的民眾。他們很友好，但因為熙熙攘攘，散發出一股夾雜著汗味的臭味。「這樣的場景，滾滾紅塵，讓我忽然想到爸爸的那個時代。1949 年，他們從大陸來臺，當那幾艘船要從大陸開往臺灣的時候，那個甲板蓋起來，就是一場生離了，可能和親人朋友再也見不到面了。」她進而想到，「我們沒有經歷過亂世，我們沒有餓過，恐懼過，匱乏過，那土地

掌生穀粒在誠品松菸店櫃台一隅。

上面一直擁有、一直產出的這些豐富美好的滋味，大家知不知道珍惜？有一天它會不會消失？」

在她看來，如果沒有人再願意去關照、守護土地，只把生產者當作工具，把他們所做的一切都當作理所當然，這些豐富美好的滋味會消失。可是那個時候，臺灣的社會機制並沒有照顧到農民，農民是被剝削的。「那我們就來做一件事情吧！幫助農民優先獲利。」

借助當時優質的光纖網路和物流服務，程昀儀架起一個網站，建立起溝通產地和消費者的橋樑，為他們提供一種新型的服務。過去，農民生產完將大批物資交給盤商。盤商透過壓低生產價格，令農民獲利很少。程昀儀取代中間盤商的地位，讓農產品直接透過她到達消費者手中。因為少了中間的盤剝，農民能獲得更多利潤——事實上，程昀儀給了農民公定糧價的三到五

掌生穀粒的米採用牛皮紙包裝，當作為結婚禮物時，會在外面包上一層花布。

倍，這是非常高的價格。相應地，程昀儀也拜託農民付出更多，為消費者提供更新鮮、更優質的產品。她請農民將米放在家裡的穀倉中，等她的訂單一到再新鮮碾製，將最好的產品獻給付出更高價格的消費者。「我覺得這是另一種形式的兩相情願，又能被看見，很公平的一種方法。」

在創意的包裝、感人的文案背後，這是掌生穀粒美好的初衷和善良的模式。它直達人心的設計和文案圍繞品牌理念展開，獲得大家的喜愛。2013年，掌生穀粒在誠品松菸店開了第一個實體店面，2015年在臺北仁愛路和香港太古城開了兩個實體店，掌生穀粒逐漸將目光從創作轉向經營。未來，程昀儀希望能與更多人交流守護土地的理念，讓掌生穀粒的經驗在更多地方發芽。

▼ 專訪程昀儀

掌生穀粒創業至今已經十年,在這十年間,它遇到過什麼樣的大挑戰?您和團隊又是如何克服呢?

讓我用另外一種方式來表達。我最近覺得《西遊記》這本書很有趣,我覺得那是講一個經營團隊的故事,一個團隊要達到一個好像有點偉大的目標。定下這個目標之後,老天爺不會讓路出來,讓你平順地走過去。這個團隊裡面的成員各自有一段自己的宣誓,也有各自性格上的缺陷。豬八戒貪生怕死,愛吃喝玩樂,貪榮華富貴;孫悟空桀驁不馴,野心很強,也頑皮;沙僧比較保守,我對他的印象也沒有太強烈。我小時候讀唐三藏的故事時覺得,他是一個很固執的人!明明就是妖怪,你徒弟看到是妖怪,你還不相信。你一直危害你的團隊。每次你的團隊都快被妖怪殺死了,你仍舊選擇相信別人而不是你的團隊。這怎麼回事?這個故事是他們要去西方取經,整個過程困難重重,一路上妖怪以各種形式呈現。我後來看到每一個妖怪,每一次遇到的關卡,它其實都是人性,一個一個人性的缺陷。所以他一路上出現了各種信任問題、判斷問題、決心問題。怎麼克服?你也可以放棄——放棄是另外一個故事,走到底是另外一個。我想可能,團隊遇到的挑戰就是這種吧,誰都一樣,而走過去了就是克服。

採用牛皮紙包裝的「飯先生」。上面是程昀儀手寫的文案:有肉有菜可是飯先生吶,一個隱身在臺東縱谷區裡的部落,自給自足種田超過百年,沒有比賽的壓力,只有農業時代的樂趣,單純,好吃……

「眾神的花園」系列蜂蜜。透過特色的紙雕花設計，掌生穀粒希望還原花未被採蜜時的狀態。

用寫著書法的牛皮紙包米，將紙雕放在蜂蜜的包裝上，掌生穀粒的產品在包裝設計上獨具一格，可以和我們分享其中的設計靈感和創作思維嗎？

我爸爸是軍人，在我小時候，他要兩個禮拜才能回一次家。為了鼓勵我們在他不在的時候多閱讀，他會幫我們製作空白剪貼簿，讓我們把欣賞的報紙文章剪下來貼在上面，貼完一本之後再幫我們做一本。那些爸爸親手製作的剪貼簿，封面就是用牛皮紙。爸爸還會將牛皮紙搓成紙藤，做旁邊的裝幀。所以我對牛皮紙有一種情感。另外，我覺得它的味道很好聞，有一種甜甜的味道，跟食物的味道非常搭。再者，牛皮紙沒有經過什麼油墨，也不含彩色的鉛，很適合包裝食物。至於書法，我爸的字寫得很好，在我小時候他也送我去學過書法，所以包裝上面的字是我自己寫的。我設計那個袋子的時候，就在搜尋記憶裡面那些美好的事情，希望將它們帶給我的喜悅傳達出來。

把這個袋子拆開來之後，你會發現它沒有任何塑化材，這對環境非常友善。袋子也可以重複使用，用來裝垃圾或一些果皮、瓜子。它同時也是一個反差。我提供你最新鮮的米，因為你打電話跟我訂，我趕快跟產地講。產地幫我碾好米，我新鮮包好送給你，你為什麼要放，放到它不新鮮才吃？我用牛皮紙

包，它不是塑膠袋，也不是真空包裝，你不能放。我逼你吃新鮮的。真空可能很便利，我就是不給你便利，給你最新鮮的東西你為什麼不趕快吃？

在蜂蜜的包裝上，我們思考這樣的問題：蜂蜜之於我們，之於臺灣，是一件什麼事情呢？這幾年全球的蜜蜂族群在歐洲和美洲出現了非常大量的死亡。是環境出了問題嗎？是我們過度地使用電信用品，讓蜜蜂的羅盤失靈，導致它們回不了家嗎？蜜蜂如果消失，會導致嚴重的後果。當蜜蜂不幫植物授粉，植物沒有辦法繁衍，當沒有新的產出，植物會消失，也會導致其他生物的滅絕。當時我們在思考一個問題，蜂蜜要怎麼去溝通？牠溝通的是吃到甜的東西嗎？還是剛剛講的，它是因為生物在繁衍後代，在讓種子產出，留下生命的希望，而蜜蜂在幫忙傳遞這件事情？這個過程是非常美好的，但卻很少被看見和表達。我們後來想到，有些花蜜是森林蜜，花在森林裡面，沒有人看到過，我們卻可以用紙雕花的方式讓它被看見。花開的時候你沒看見，但是我收下蜂蜜來了，我把花雕出來，我送給你的時候，傳遞一份心意，因為這是一份禮物。那個產品是在這樣的概念下創造出來的。

我想到我念書的時候，和一些交情比較好的手帕交聚在一起，我們會分享一些稀奇古怪的東西。「來，給你看個東西，它可以這樣、這樣……」然後大家就開心地尖叫起來。那份驚喜、喜悅，真的好想好想再次擁有哦！我們希望蜂蜜的包裝也可以給人這種感受。

一般商家對蜂蜜的溝通僅限於口感或產地，但掌生穀粒卻看到蜜蜂授粉背後「幫助植物傳遞生命」的價值。這種價值溝通賦予掌生穀粒的產品與眾不同的文化內涵。

掌生穀粒臺北仁愛店。實體店並不是掌生穀粒獲利的重點，而是其展現品牌價值和服務人的地方。

　　有人說，掌生穀粒的所有設計都有故事，那我在想，那個故事是一個 truth（真相），還是一個 fairytale（童話）？我覺得我們講的故事是真實的。這很重要，因為它跟食物相關。我小時候覺得食物很簡單，很真實，但後來我們有太多的選擇。這些選擇，也許它便利，但我不知道它是什麼。我只是去提醒那件事情，讓它重新回來。

可以和我們分享一下掌生穀粒的經營模式嗎？

　　曾經我們是網路起家，到 2013 年我們才有第一個實體店面。實體店面並不是我們獲利的重點，我們也沒有賦予店面強力銷售的任務，我們把它看作一個服務人的好地方。掌生穀粒最重要的是在做 B2B 這一塊。我們在服務企業客戶，為企業客戶創造他們想要敘述的情感。想要感謝客戶或員工，或透過禮品的選擇來傳遞這一年他們在經營上面的故事。農產品和食物是一個會開花結果，有耕耘有收穫的事情，這和企業的投入和產出相呼應。我們會針對企業客戶不同的需要，為他們量身訂做不同的內容，這個才是我們真正獲利的來源。你可以想像，我們剛才聊了這麼多，如果只是零售銷售的話，應該沒有人會為了買一包茶，然後坐下來聽這麼久。我們要講這麼久才能賣掉一包茶的話，也太辛苦了。但是企業客戶他們在企業形象、企業精神跟企業理念的傳遞上面，可以透過我們做一個非常好的表達。

　　關於什麼是好的禮物，我想引述亞洲經營之神邱永漢先生說過的一句話。1995 年左右，我在《財訊》雜誌上讀到他寫的文章，說他有一次在百貨公司看到一雙棉質拖鞋，覺得很舒服，很想買。但看到價格要八百塊的時候，他覺得超出上限，捨不得買。後來有一天他收到這雙拖鞋作為禮物，他覺得這是他最想要的東西。送禮的人不用花上萬塊錢去取悅一位亞洲的成功經營人士，他只是花了八百塊錢，就讓他心滿意足了。邱永漢先生總結說，這就是送禮的藝術——自己買，覺得捨不得；收到禮物，覺得價值無限。我覺得那個拿捏很重要，也給我一個很明確的方向。

對於掌生穀粒的未來，您有什麼展望？面對下一個十年，掌生穀粒有什麼樣的發展規劃呢？

　　我們剛才講到守護土地這件事——我覺得這個概念的交流絕對會是一件好事。因為土地的純淨，或者這是塊樂土，生命會選擇它去繁衍後代。能夠做到這件事情，對整個地球是一件好事，對人類而言也絕對是一件好事。我們都需要純淨的土地讓生命延續下去。我覺得這種交流它不會被阻擋，它不需要品牌，它也可以跨領域，可以跨越宗教、政治、所有的意識形態。讓這件事情變得更美好，這是我們都可以去做的。而我們認為很重要的推動力，就是要讓生產者優先獲利。生產者獲利，他無後顧之憂，他沒有經濟上面的困難、負擔，他可以照顧好土地，我們就有好的食物來源。

中國和我們的交流越來越頻繁，我們如果到中國進行一些發展的話，這方面的交流勝過把產品帶過去賣。每個地方的水文、土文、人文不一樣，而我們的食物的種子或是果實以神祕的密碼將它們記載下來，所以我們吃到的那個結果不會一樣——那就是滋味，生命的滋味。有機會的話，我們希望看到這些經驗在中國不同的地方發芽，我們很樂意去完成這件事情。未來十年我們的發展不會拘泥於某種形式。我們這個團隊最強大的能量不在做零售，而在做開發。開發這件事情它可以放到中國，再繼續讓它延展出來。

在您看來，什麼樣的產品可以稱作文創產品？您個人比較喜歡的文創產品是什麼？

我覺得文創產業是用文化去服務傳統產業所創造出來的新價值。就好像我們在用文化服務傳統的農業。可是農業它其實才是孕育文化的搖籃。在華人世界裡，因為農業的發展，所以產生了密集的勞力，所以有了聚落，有了社會，有了國族。而我們的文字——象形文字，它向來就是從日月山川而來，為了農業紀錄而產生。我們不是在做數字的計算，這個事情它是有一個血脈在裡面的，這很美好，很有力量。我們回頭感恩，回頭向土地致敬，向宇宙致謝——我用這樣的心情來做這件事。我當時沒有想我在做文化創意產業，我只是想要表達我心目中覺得很有價值的事情，這樣它才會長久。它不是一個貼紙，寫著「文」、「創」這兩個字，再貼在商品上。

我喜歡同樣來自臺灣的阿原肥皂。他們在講另外一件事——洗滌淨化。我們身為一個人，所產生的污穢最後要回到土裡去，那它是純淨的嗎？是對環境好的嗎？這很重要。經過工業革命和更聰明的製造後，很多洗劑其實造成了環境的困擾。但是自古以來我們都在洗滌呀，早先的洗劑取之於植物，在洗淨了我們之後，回到土裡面，對環境不會產生傷害。阿原致力於將這些傳統智慧重新挖掘出來。

在您看來，建立文創品牌最重要的要素是什麼？

我覺得從以前到現在，一直沒有變的一件事情，就是「真」。從「真」，到「純粹」，到「簡單」，這些事情都不會改變。

來自荷蘭的創意寢具和服飾品牌，
致力於推出圖案奇趣的床上用品和
服飾，滿足孩子和大人的夢想。

佩吉（Peggy）和艾瑞克（Erick）
來自荷蘭的創意人夫婦，SNURK 的創辦人。在成立
SNURK 之前，佩吉在廣告公司擔任文案的工作。

www.snurkbeddengoed.nl

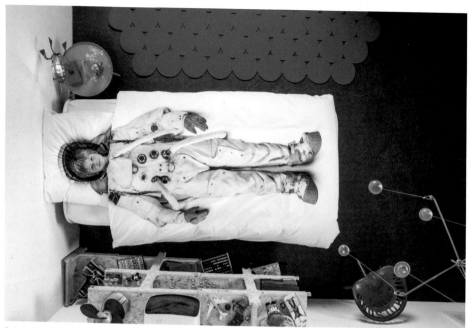

「太空人」系列被套。

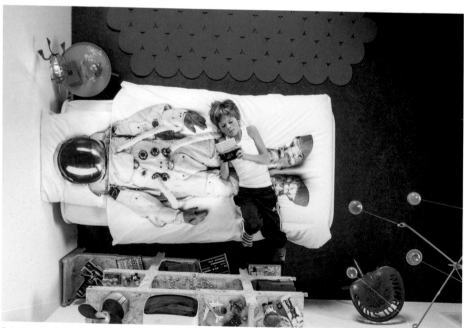

「太空人」系列被套。

「床上的小狗」系列被套。

「竹籃」系列被套。

灰姑娘不怕 12 點

　　在荷蘭語中，「SNURK」一詞意思是「打呼」。以此為名的荷蘭品牌 SNURK 透過應用 3D 印花的床上用品，為使用者編織一個個浪漫奇幻的夢境。今夜我們不再睡在床上，而是休憩於光影斑駁的泳池；不再孤單一人，而與蜷縮在床上的小貓、小狗一同度過；起床時不再飢腸轆轆，因為美味早餐早已準備好……，SNURK 是會魔法的仙女，它製造的「南瓜馬車」和「水晶鞋」不會因為 12 點的到來而消失，反而陪伴「灰姑娘」們快樂入眠。

　　SNURK 的產品充滿戲劇性，而它的登場方式同樣如此。2007 年，失業的艾瑞克在為自己有一天可能流落街頭而憂心忡忡——在荷蘭，每 10 個流浪漢中只有 1 個人的住處能得到妥善安置，另外 9 個只能睡在紙箱中度過漫漫長夜。另一邊，從事廣告業的佩吉卻在抱怨使用的被套太無聊。這兩件看起來毫無關聯的事在兩位創意人士的心中勾連出巧思：是否可以透過創新的被套設計，吸引富足的人關注流浪漢的處境，並且對他們提供援助呢？在大膽的發想之後，兩人設計了印著紙箱圖案的被套和印著灰色石板路圖案的

透過「流浪漢」系列被套，使用者得以體驗睡在「紙箱」內的感受。

床單——在大街上睡紙板箱這一場景被「真實地」複刻。佩吉和艾瑞克將被套命名為「Le-Clochard」（流浪漢），將床單命名為「Le-Trottoir」（人行道），不像傳統產品的設計思維，它們不令人「舒適」，反而帶有讓人不安的特質，卻因足夠有趣，又喚起人們心中的善意而受到廣泛的關注。

在媒體的推波助瀾下，「流浪漢」系列在市場上大受歡迎。大部分銷售所得如兩位創作者所願，捐給了扶助流浪漢的慈善機構。兩人從這個案例中獲得成就感，也發現潛在的市場需求——當時的床上用品設計相對保守，缺乏足夠有趣和顛覆的產品。佩吉和艾瑞克決定將它發展成一門事業，在原來的基礎上推出一系列產品，「拯救無聊的床上用品市場」。

「流浪漢系列」讓人們得以體驗流浪漢的感覺，延續這個思維，是否可以透過相似的 3D 印刷方法，讓使用者——尤其是對未來充滿幻想的孩子們——體驗不同的人生角色呢？佩吉和艾瑞克想起自己小時候的夢想，也詢問了自己和朋友的孩子，最終確定了「太空人」、「公主」、「足球員」、

不同設計令孩子們體驗夢想中的不同人生角色。從左至右：「公主」、「騎手」、「足球員」、「海盜」系列被套。

「海盜」等不同的「人生夢想」。透過和荷蘭太空博覽會以及不同的服飾品牌合作，經過攝影和平面設計，佩吉和艾瑞克以 1:1 的比例將不同的「戲服」、場景和動物搬運到被套和床單上——使用者藉由「穿上」它們，成為不同的人物，體驗非凡的人生。

從帥氣的太空人、美麗的公主到令人放鬆的泳池、開滿野花的田野，SNURK 將越來越多的場景帶到世界各地的臥室。2016 年，SNURK 將同樣的創作思維延續到服飾上，在阿姆斯特丹時裝週上發布新推出的家居服和睡衣系列，引起熱烈迴響。從未有過時裝經驗的 SNURK，卻憑藉創意的設計在眾多高級時裝品牌的包圍下異軍突起。對於新的產品線，佩吉偷偷

定下目標，希望它們可以獲得「世界最佳睡衣」的稱號，儘管她不知道實際上有沒有這個獎。2017 年是 SNURK 創業 10 週年，為了紀念一開始幫助流浪漢的理念，SNURK 將延續「紙箱」的創意，將它描繪在睡衣和家居服上。將捐出 50% 的收入所得，用於幫助在荷蘭流浪的年輕人。未來，SNURK 希望繼續設計原創的圖案，繼續製作讓世界歡笑、夢想、思考和放鬆的產品。

▼ 專訪佩吉

您曾説過 SNURK 的目標是「統治地球」，可以分享一下它的統治歷史嗎？

　　SNURK 發源於 2007 年我們開始的一個慈善專案，目的是為荷蘭無家可歸的年輕人籌錢，同時增加大家對他們的關注。我們的創意是做一個印著紙箱照片的被套，提出「你代替無家可歸者睡在紙板箱裡」的口號。專案十分成功，我們籌到了 5 萬多歐元。這也讓我們發現市場正缺乏有趣的印花床上用品，要知道，當年這個行業還是很傳統的。我們希望繼續銷售「流浪漢」系列，同時也給自己賺生活費，這就是 SNURK 誕生的起源。我們的生意一開始非常小型（一共兩個款式，投入都靠自己的儲蓄），寢具生意的同行都不把我們當一回事，所以我們就開玩笑說以後要統治地球。現在全球有 900 多家店售賣我們的產品，我們也正在開拓亞洲市場，應該可以馬上拿下。

SNURK 的發展過程中，發生過什麼讓您記憶深刻的事件？

　　第一件是我們在大半夜接到《紐約時報》的電話，對方説想採訪「流浪漢」系列——那一刻感覺很不真實。也差不多是在那段時間，我們決定要把這個暫時性的慈善活動發展成一門真正的生意。第二件是發布了我們的兒童

蓋上「彩虹折紙」系列被套，彷彿進入一個妙趣橫生的異想世界。

SNURK 將被套的創意轉移到服飾上，這些服飾在 2016 年的阿姆斯特丹時裝週引起了熱烈反響。

系列。在同一週，我們的第二個孩子泰德（Ted）出生了。新品一發布，網路就炸開了，郵件不停地湧過來。太空人款和公主款被套立刻收到大量訂單。經過 4 年的努力，我們終於開始盈利，搬進更大的辦公室，我和我們的第一個員工也終於可以不再廣告公司兼職了。第三件是發布我們的家居服和睡衣系列，它們在 2016 年阿姆斯特丹時裝週引起很熱烈的迴響。在眾多高級時裝的包圍下，我們有趣又舒適的睡衣表現出色，真是太有意思了。

SNURK 經歷過什麼特別重大的困難嗎？

在一開始，找到優秀的生產商，生產優質的產品是很大的挑戰。在 SNURK 創辦之初，因為不瞭解紡織品市場，我們只能透過 Google 查詢加工廠商……，我們先去了巴基斯坦的一家大工廠，因為訂單量小，印刷圖片複雜，還有很高的品質標準，他們幾乎都不想理我們。溝通過程簡直是災難，印花出品和交付時間也是災難。我們兩個超級沮喪，差點要雙雙繳械投降了。之後在一個貿易展覽上我們認識一個在葡萄牙做生產商的德國人，我們向他要了報價和樣板。他的價格貴多了，但是我們覺得他能理解我們的想法，也和我們一樣有創造出偉大事物的熱情。我們密切合作，很快就找到更好的印刷效果、更聰明的生產方式和更短的訂貨交貨時間。我們現在是他最

大的客戶，也相處得非常好。我們每年會飛去葡萄牙幾次，監督指導每個系列的首次生產，約他一起喝杯啤酒，談談接下來的計畫。這種友好、雙贏的合作關係讓我們可以按照自己的規劃來成長。

您在推廣 SNURK 時做過最明智的決定是什麼？

開網店和創建 Facebook 粉絲專頁。在我們都不知道什麼是部落客的時候，就有多個來自不同國家的部落客留意到流浪漢系列（那是 2008 年），我們也很快發現，紙質媒體也會受到部落客的啟發。其實一直到現在，我們幾乎都沒有花錢去打廣告。我們相信，只要製造出足夠特別的產品，它本身就能成為好廣告，大概是因為這樣的產品值得和大家分享。

另一個明智的決定是——雖然公司現在發展得挺快，但是我們在控制它的發展速度，並且儘量不讓討厭鬼或者狡猾的有錢老闆摻和我們的生意。我們當然喜歡賺錢，享受成功，但我們想要的不止這些。我們覺得同樣甚至更重要的是與善良真誠的人打交道，與跟我們有一樣熱情的零售商合作，還有賣出優質原創的產品。我們的品牌可靠、質樸，還有一點點幽默。這種形象不是靠什麼廣告公司或投資公司打造出來的，而是我們真實的自己。因此我

在光影斑駁的「游泳池」上，使用者擁有在水上安眠的快樂。

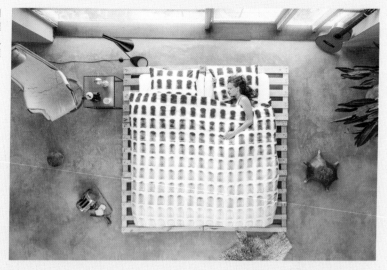

「吐司」系列是吐司愛好者的福音，擁有它，每晚都可以與摯愛的食物相擁入眠。

們選擇和我們秉持相似價值觀的合作夥伴，以確保提供的產品和服務符合我們的要求。

您認為什麼樣的產品可以被稱為「文化創意產品」？

我們的標準是產品要不怕打破常規，走自己的路。一個產品想要是新鮮的，那自然是要有創意的。至於文化……，這是社會和「時代精神」去定義的，我想這不是產品本身可以控制的。你只能盡力嘗試去做一些你有信心的，希望別人也喜歡的新事物。

愛迪達（Adidas）常常讓我很心動，當然還有蘋果（Apple）。「非同凡想」（Think Different），我很喜歡這個廣告口號。還有美國前總統歐巴馬——如果可以把他看作一個品牌的話——我真的很喜歡和欣賞他讓人們理解他的資訊的方式。還有司徒邁（Stromae），一個非常有創意天賦的比利時音樂人、設計師、錄像製作人、時尚藝術家——多才多藝得不正常。如果你問我，我認為他是個現象級的人物，一定要去聽聽他的音樂。

可以用一句話分享「如何創建一個成功的文化創意品牌」嗎？

忽略一切不相關的因素，盡力做到最好。

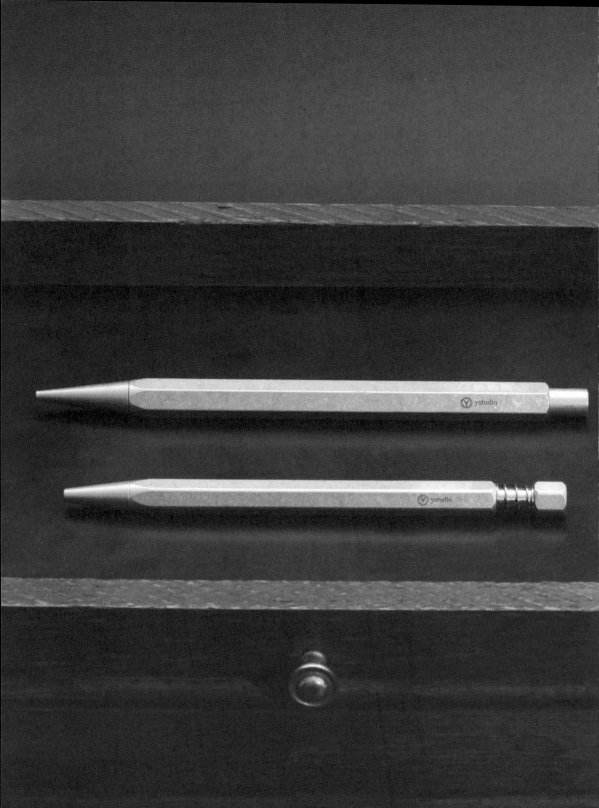

ystudio

物外，來自臺灣的創意文具品牌，成立於二〇一二年，以黃銅為主要材質製作良善的器物，透過持續不斷地與消費者溝通書寫文化的價值，賦予品牌獨特的文化內涵。

楊格與廖宜賢
原本是公司同事，因同樣的志趣成為合夥人，創辦了物外。

www.ystudiostyle.com

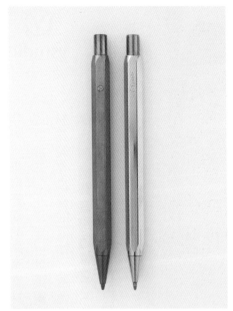

黃銅自動鉛筆：在使用的過程中，銅從光
亮乾淨變得日益深沉，染上主人的手澤與
時間的記憶。

黃銅筆筒。

黃銅筆盒：採用黃銅與胡桃
木製作。

簡潔的產品包裝：包裝盒上的黃銅色與產品使用的材質相呼應。

露銅系列：依然使用黃銅材質，表面卻進行了黑色烤漆處理，展現沉穩低調的質感。使用者可依據喜好，透過盒裝內的細砂紙磨除產品表面塗漆，製造露銅效果，創造專屬於自己的文具用品。

提起手中略沉的黃銅筆，喚醒曾經的書寫文化和人與人之間的親密關係。

書寫的溫度，文字的重量

「你有多久沒有提起筆好好地寫字？寫給親人、寫給朋友，寄情於書寫帶給我們的平靜，在筆畫字句間看見思念的伊人，細細品享那相濡以文的感動。秉持著對文字的情愫和材質的熱愛，我們想跟大家講一個關於書寫的故事：在人們手中，黃銅由光燦的酒色金黃，日漸溫潤深邃，堆疊出智慧般的手澤；略沉的手感，時時刻刻提醒著我們要樸實地對寫下的每一個字負起責任。今天，我們關掉電腦，用最真誠的心情找回這逐漸褪逝的文化，感受書寫的溫度、文字的重量。」

物外是臺灣的創意文具品牌，其最大特色是其產品使用的特殊材質以及由此發展出的融合書寫文化的品牌內涵。在這個多數人透過電子設備傳情達意的時代，物外卻執拗地做筆，只希望藉此發掘消逝中的與紙筆相關的書寫文化，幫助大家找回往日記憶中的溫暖。

物外產品全家福。

你有多久沒有提起筆好好地寫字？寫給親人、寫給朋友，寄情於書寫帶給我們的平靜。

自 2012 年成立以來，物外持續推出各種書寫活動，透過與消費者溝通書寫的美好，樹立獨特的品牌形象。在第一個書寫活動「寫一封寄不出的信」中，物外針對每個人生命中不可避免的缺憾，鼓勵大家寫一封寄不出的信──「給彼方思念的人，交代深藏心底的虧欠、刻骨銘心的戀慕」，以「坦然面對記憶，凝視往日身影，熔鑄情感於字句，修補生命裡的缺憾」。在另一個「寫封信給爸爸」的活動中，物外提煉華人社會中相對寡言沉默、缺乏與兒女溝通的父親形象，以感人的文案訴說孩子與父親溝通的渴望。

　　「30 歲的爸爸有點生澀，但壓抑不住他的緊張興奮；40 歲的爸爸有些嚴肅，讓人摸不透他的喜怒哀樂；50 歲的爸爸不寫網誌，我們不瞭解他的固執堅持；60 歲的爸爸不玩臉書，我們看不到他的最新動態。父親節，是個對爸爸示愛的好藉口，有些話講出來太尷尬；所以這一次，讓我們來寫封信，給爸爸。」

　　寫給缺憾、寫給家人……，在物外看來，如果什麼事情很難啟齒，就用書寫的方式；而在書寫的過程中，物外將是最懂你的貼心陪伴。

寫封信，
給爸爸。

▼ 專訪宜賢與楊格

請兩位分享一下創辦物外的經歷吧，契機是什麼？

我們原本是前公司的同事，有過長期合作的經驗，後來因生涯規劃先後離職，在機緣巧合之下又一起走上創業和品牌經營的道路。我們對於設計的理念有共同的想法，都認為那些因時代變遷而逐漸消失的文化非常珍貴和美好，所以想要將這樣的美好分享給大家。

由於我們兩個人的名字的英文拼音開頭都是 Y，所以決定將公司取名為「ystudio」；中文名「物外」則來自《浮生六記》中的句子：「見藐小微物，必細察其紋理，故時有物外之趣。」我們希望擁有物外產品的使用者能夠在吃飯、瞌睡、散步、閒談之間，領略器物的良善與生活的況味。

銅是物外文具使用的主要材質，為什麼會選擇這種材料？

銅是會隨著時間和使用變化的材質，一開始是光亮乾淨的樣貌，但卻會隨著書寫日益深沉，染上主人的手澤與時間的記憶。我們覺得這個特質非常迷人，並藉此提出「書寫的溫度」這一概念。手的溫度讓材質產生變化，而書寫的溫度又讓心產生變化。而銅略沉的手感，與書寫的嚴肅性又有呼應的關係。因承載情感與思想，文字擁有「重量」，採用略重的材質，可提醒使用者對寫下的每一個字句負責。

一對戀人在物外舉
辦的「寫下心中的
彼此」活動中寫下
對彼此的感受。

物外希望向消費者傳達什麼？

一直以來，我們都希望跟大家分享「因為時代變遷而被遺忘的美好」，我們認為現代生活雖然十分方便快速，但依然需要人與人之間的情感交流和享受生活的剩餘時光，而這些東西恰恰是過往時代事物所富含的價值。

我們將「文字的重量」（The Weight of Words）作為品牌的核心價值和設計的思考語彙，以此發展品牌的所有作為，進行系列產品的開發，並推出書寫活動。透過書寫與人的聯結，我們希望提醒人們寄情於書寫的美好感受，喚起使用者不管是寫給親人、寫給朋友，在筆畫字句間細細品享相濡以文的感動，以此引發人們對於品牌的共鳴。

物外一路走來，經歷了哪些挑戰？又是如何克服的？

過去在設計公司上班時，產品設計師只需要專注於創意與設計；創業後，對我們最大的挑戰，則是要花費非常巨量的時間，來與生產端的廠商進行生產上的溝通與協調，以確保產品能夠順利生產。現在的我們，的確已經習慣隨時與生產端的廠商進行溝通，在設計的理想藍圖與生產的實際製造之間來回討論，在不減損設計質感的前提下進行生產端的妥協，讓我們的設計想法能夠化為具體的產品。

物外自 2012 年成立，雖然品牌還很年輕，但市場上已陸續有仿冒商品的出現。一直以來，物外致力於尋回舊有的美好文化並思索器物與生活之間的關係，我們花費了大量的時間在研發與創造產品上，同時也在理念與溝通之間尋求平衡，樂在其中。但是，抄襲者卻不需要付出如此龐大的研發成本，就可以直接用低廉的價格推出劣質的抄襲品，再反過來以產品過於昂貴打擊物外。這也不斷地提醒著我們，除了持續積極地製作出良善堅實的器物，未來我們將會花費更多的精神，與消費者溝通物外的品牌價值與設計理念，讓大家願意來參與物外的品牌塑造過程。

在你們看來，什麼樣的產品可以被稱為「文化創意產品」？

　　文化是人與時間揉合而成的一種關係，是一種不會刻意被強調，但確實存在的東西。不管在什麼樣的環境之下，因為本身的養分與文化而自然地創造出來的作品，都會是很好的產品。

　　以物外為例，因為我們從小在臺灣成長並吸收臺灣的養分長大，並無在臺灣以外長期生活的經驗，因此，我們所做的事情其實就是臺灣的一部分。或許會發現，原來臺灣味就是在此時此刻逐漸成形的，也或許，未來的子孫們會定義我們現在所做的事情是一種怎樣的文化。因此，我們驕傲地覺得，在地小人稠的島嶼上，可以運用很少的資源做事情，並且很幸運地被看見，身在此創業洪流中，是一件很幸福的事情。

在不減損設計質感的前提下，物外願意進行生產端的
妥協，令設計想法能化為具體的產品。

寫一封 寄不出的信

7/18 8/8

寫一封寄不出的信，給那彼方思慕的人，交代深藏心底的虧欠、刻骨銘心的戀慕，書寫讓我們坦然面對記憶，凝視往日身影，銘鑄情感於字句，修補生命裡的缺憾。

來寫信：到好樣思維獨樂樂，在沉靜的空間裡寫一封寄不出的信。

小禮物：每週選出兩封動人信件，並致贈信件主人一支限量鋼珠筆。

工作坊：玻璃沾水筆工作坊：造一支傳遞溫度的筆
2013/07/27 09:30 am - 12:00 am
每人：1680元（含材料費與飲料）
請到好樣思維環境來報名表，或留下聯絡信箱

地點與聯絡資訊：華山文創產業園區・紅磚六合院／C棟
（杭州北路・北平東路口）02-23225841
vvgsomething@gmail.com

致力於在現今的生活中融入傳統
之美，鑄心工房設計的鐵製品結
合日本傳統鑄造之美與現代功能，
以獨具匠心的設計、穩重大方的
質感受到消費者喜愛。

增田尚紀
設計師、獨立製作的鑄金師、大學講師，鑄心工房創辦人。

www.chushin-kobo.jp

櫻花筷架：用代表日本的櫻花作為產品造型，為餐桌增添了典雅之美。

帶白橡木柄的鐵茶壺：用於泡茶。砂鑄造工藝令壺面帶有粗糲的紋路，這與日本茶道
文化中滄桑、孤寂的美學相呼應。

帶白橡木柄（前）和胡桃木柄（後）的鑄鐵壺：用於煮水。

用傳承九百年的鑄造工藝鑄造一把可以傳給子孫後代的鐵壺，鑄心工房向世人述說器物的不朽價值。

鐵壺，比人的生命還更長

日本山形地區擁有漫長的打造鐵器的歷史。在 900 年前的平安時代，馬見崎川的沙子與現在千歲公園附近的黏土被偶然發現非常適用於鐵器鑄造，山形作為鐵器產地慢慢發展起來。隨著時間的累積，山形孕育出一批打造鐵器的大師，江戶中期出現的山寺鐵鐘匠人莊司清吉和佐藤金十郎，明治時期出現的被譽為日本國寶的茶器匠人高橋敬典，都是其中的典範。

在山形從事鑄造工作超過 20 年的增田尚紀，希望將山形承載匠人熱情與文化底蘊的工藝發揚出去，向世界傳達融合傳統技法與現代技藝的日本製造之美，「鑄心工房」便這樣成立了。其推出的茶器延續了山形鑄物「薄肉美麗」的特色，也融合了簡約現代的造型語言。鑄心工房因此被譽為山形鑄物的傳承者。

「薄肉」是因山形當地缺乏鐵礦，為避免浪費材料，不斷發展薄化器壁的技術，反而構成工藝品的特色；「美麗」則是嫻熟技藝帶來的造型之美，

山形縣位於日本東北部，縣政府位於山形市。1975 年，「山形鑄物」被指定為日本「國家傳統工藝品」。

可自由著色的特點帶來的色彩之美，與馬見崎川的沙為其帶來的紋理之美。師從著名設計師芳武茂介，增田尚紀沿襲了減法的設計原則，去除作品中不必要的元素，令作品擁有素雅乾淨的樣貌。

　　茶道是日本傳統文化的代表，卻鮮有人知道茶道使用的茶器多數在山形鑄造。和其他在山形鑄造的茶器一樣，鑄心工房的茶器以茶道為核心進行設計，結合茶事用具的鐵壺形象和熱水鍋的技法，表現茶道精神中的孤寂與滄桑感。這種形象不僅讓日本民眾感動，也與西洋的紅茶文化相融，使其超越國界，受到歐美消費者的歡迎。

　　常年累積的工藝給予產品優越的品質，而日本文化中對物品長久使用、保養、修復的習慣，讓工藝品在歷經歲月風霜後更獨具風韻。鑄心工房的鐵器因此不僅可以滿足長久使用的需求，還可以作為鐫刻上一輩人使用痕跡的器物傳給後代子孫，延續比人還要長久的生命。

製作砂型模具。

將熔化的金屬填入凹模中。

為鑄器上色。

砂鑄造，亦可稱為砂模鑄造，是一種以砂作為造型材料的金屬鑄造過程。在全球，應用砂型生產的鑄件占應用各種鑄型生產鑄件的 80% 以上。

除了砂子，適當配比的黏結物（通常為黏土）通常會混合或出現在砂子中。山形之所以發展為鑄造產地，正是因為馬見崎川的沙子與現在千歲公園附近的黏土被發現適合用於砂鑄造。

擁有特殊紋路的山形鑄物是山形的自然和匠人共同打造的結果。

▼ 專訪增田尚紀

鑄心工房成立的初衷是什麼？一路走來，經歷了哪些重大的事件？

為了向世界傳達自己的設計，我從工作了 20 年的公司辭職，成立了可以完全按自己意願經營的工作室。我認為要傳達自己的創意和思想，培育可以表現自己主張的品牌十分重要。

隨著工作室上了軌道，慢慢看到成果，我的身邊出現很多合作者，給我的工作提供幫助。後來鐵器鑄造的工作成為一個品牌，我也因此開始和各原材料廠家的交流，並親自動手做鑄造以外的設計。

其中最重要的事件是，當生產芳武茂介老師作品的山正鑄造停業時，代表芳武設計的生產工作由鑄心工房接手。雖然感到責任之重，但作為芳武老師後繼者的地位因此得到確立。

把從芳武老師那學到的設計力和持續 20 年在手藝人那學到的傳統技術相融合，進行與當今生活方式相符合的產品開發，而且得到多個獎項，也受到很多使用者的支持。依靠運用傳統技法的設計力，不但讓我們跨越危機，也可以告訴世人，鑄心工房是一家繼承設計歷史且具有社會影響力的廠家。

鑄心工房想向世界傳遞什麼樣的精神？

我們想讓更多人瞭解融合了傳統工藝和最新技術的日本製造的魅力。為此，學習傳統技法並使其進化十分重要。

另外，日本的傳統工藝依靠的是自然的材料和土地的恩惠，匠人從自然中學習美並孕育出新的設計。經過時間的流逝，所製造的東西最後會回歸土地。意識到設計和人的活動都存在於自然這個系統中，是鑄心工房進行產品製作的原則，也是希望向消費者傳達的精神。

您對鑄心工房的將來有什麼展望？

鑄心工房現在是以我的設計為中心展開的（我正在做一個介紹 20 世紀 60 年代芳武茂介老師工作的設計），但今後會以「鑄心工房聯盟」的形

式，推出與鑄心工房有深厚緣分的設計師的作品，讓年輕設計師們參與探索山形鑄物新的可能性。我們也有開設工作坊的計畫，希望讓更多的人對鑄物產生興趣。

在您看來，什麼樣的產品可以稱為「文化創意產品」？

有文化內涵、富創造性的產品可以用 3 個 S 來概括：Soul（靈魂）、Society（社會）、Soil（土地）。

我們的鐵壺滿足了這些要素。鐵壺不僅是煮熱水的工具，正如「從一碗茶中享受寧靜」這個句子所表達的，喝茶對於家人和戀人，對於不同文化的人們來說，提供了共用一碗茶的寶貴時間，而鐵壺在這樣的情境下發揮作用。鐵鑄器是日常生活中使用的物品，可以長久使用，其壽命比人的一生還要長，後代子孫也能使用。用鐵壺煮沸的水可以攝取鐵質，茶既好喝又有益於健康。鐵壺的製作方法實行材料的輪迴，隨著時光的流逝會回歸土地。

在您心目中，製作文化創意產品最重要的要素是什麼？

調查從古到今繼承下來的生活工具，從中產生新時代的設計。如「溫故知新」所表達的，透過學習舊時的生活文化可以看到 21 世紀的新生活方式。

文具專賣店伊東屋創立於一九〇四年，在時代潮流中，秉承傳遞『領先一步的新價值觀』之使命。工作時、學習時、靈光閃現時、遊玩時、總結意見時、傳遞資訊時……，伊東屋誠意推薦令創作過程更舒心和美好的文具。

伊藤明
1964 年出生於東京。日本慶應義塾大學法律部畢業以後，在美國的帕薩迪納藝術中心設計學院攻讀工業設計，並於1991 年畢業。1992 年加入伊東屋，2005 年成為董事長，一方面負責企業經營，一方面開展伊東屋原創產品的開發。

www.ito-ya.co.jp

卡片空間（1樓）：從設計開始時就規劃的區域，為了迎接世界各地的客人，放置了從世界各地收集而來的創意卡片。

「Write & Post」（寫與寄）空間（2樓）：客人可以在這裡寫信和明信片，記錄旅遊心得，並貼上伊東屋的原創郵票即時郵寄給親朋好友。

專門銷售紙的空間（7 樓）：與竹尾紙業合作，售賣超過 1000 種的紙，客人可以根據用途與顏色挑選適合自己的紙張。

無土水培蔬菜農場（11 樓）：這裡種植的蔬菜將成為 12 樓餐廳的新鮮食材。

為了讓客人高興，要順應時代，提供精心挑選的商品和服務。

113 年的心意

　　1904 年，懷著把世界各地的好文具介紹給日本民眾的願望，伊東屋的創辦人伊藤勝太郎從海外和日本精心挑選優秀的文具，以「伊東屋」之名展開銷售。從筆墨紙硯這些傳統文具到西洋進口的新產品，來自日本、中國和西洋的好文具在「和漢洋文房具」的招牌下受到大家的關注和喜愛。時光荏苒，伊東屋走到了第 113 個年頭，成為東京銀座一座攜帶珍貴回憶的標誌性建築。它被稱為「大人的文具店」、「文具博物館」，以豐富的文具種類、良好的顧客體驗獲得全球消費者的喜愛。在伊東屋的 1 樓，從世界各地收集的創意卡片如同好客的主人，熱情歡迎來自世界各地的客人。在 2 樓，賀卡、信紙、明信片等和書信有關的文具被集中在一起，客人可以憑紙寄情，在一筆一畫間找回溫暖的書寫記憶。在另一個樓層，超過 1200 種辦公文具以威武的姿態等待客人的核對和挑選，不管是普通職員，還是商業大佬，都能找到自己喜歡的。適用於出門攜帶的文具占滿另一個樓層，以輕巧和方便攜帶的特質虜獲旅行愛好者的歡心……，從歐美大牌到本土老牌，從適合辦公到適合旅行，任何人都可以在這裡找到自己喜歡的文具。

1904 年伊東屋創業初期的相片，
「和漢洋文房具」的招牌預示著在
這裡可以購得來自日本、中國和西
洋的文具。

Romeo（羅密歐）鋼筆：Romeo 是伊東屋原創的高級辦公文具品牌。左邊的鋼筆應用了日本傳統工藝技術
「蒔繪」（在漆器上以金、銀、色粉等材料繪製紋樣裝飾）。

紅色迴紋針：1987 年，伊東屋將其 logo 改成紅色的迴紋針，並將其作為銀座總店的招牌。從此，紅色迴紋針成為東京銀座大街標誌性的存在。這枚紅色迴紋針也作為伊東屋的原創商品出售，受到客人的歡迎。

　　「使創作更加美好、心情更加愉悦」是伊東屋的口號。在伊東屋看來，文具首先是工具，必須易於使用。其次要兼備漂亮的設計，最好是不會隨著時代變遷過時的簡約設計。再次如果那個商品到手後，能更加刺激靈感和想像力，提醒使用者充實地過好每一天，則是最上乘。秉持這種理念，伊東屋在文具的挑選上非常嚴苛，讓各類文具在滿足不同功能的同時，具有令人愉快的特質。在原創商品的開發上，伊東屋也將此納入考慮，製造出創意與心意兼備的商品。從 1965 年的包裝紙開始，伊東屋在 20 世紀 80 年代逐漸擴充出筆類、手帳、包巾等商品，帶給消費者無窮樂趣。其中，有便於在旅途

國譽 2017 年版手賬：國譽（KOKUYO）是日本的
人氣文具品牌，相關產品可以在伊東屋買到。

Contrail（飛機雲）
筆 記 本：Contrail
是伊東屋原創的品
牌，名字暗喻「旅
行」，致力於設計兼
具外觀和功能，便
於在旅途中攜帶的
文具。

果汁吧（1樓）：為早上上班的人，中午在銀座購物的人和附近的上班族提供醒神飲料，招牌是鮮榨檸檬茶。

中攜帶的 Contrail（飛機雲）；適用於商務辦公的高級文具 Romeo（羅密歐）；主色調為紅黑白，以羅馬數字命名的桌面辦公文具 Helvetica；強調個性顏色的 Color Chart（色彩表），琳瑯滿目，不一而足。

除了文具，伊東屋在購物空間的營造上也費盡心思。隨著體驗式購物空間的流行，伊東屋也在 2015 年重新改造總店，文具店形態從「購物的場所」改變為「生活的場所」。除了銷售文具，伊東屋還提供餐廳、果汁吧、會議室等服務。疲倦的上班族可以來一杯醒神飲料，挑文具累了的客人可以來一頓美味料理，創意人士可以在這裡欣賞一場精彩的展覽……，除了購物，伊東屋成為「能讓人在店內度過一天的店鋪」。

「為了讓客人高興，要順應時代，提供精心挑選的商品和服務。」伊東屋在 113 年的發展過程中「累積每日的革新」，持續為創作提供堅實的支援。目前，伊東屋在日本多地及美國舊金山和波士頓開設分店，在菲律賓和臺灣也設立專櫃。計畫進一步開拓世界市場的伊東屋，希望將令人愉快的產品和服務帶到更多地方。

餐廳（12樓）：讓人沐浴在陽光中，恢復活力的餐廳，以「舒服和充電」為主題。使用11樓種植的蔬菜製作成沙拉、美式定食或家庭料理，菜單由伊東屋嚴選制定。

多功能廳（地下1樓）：可用於展覽、演講、表演、文化宣傳活動的空間。是展示嶄新事物，激發創意和靈感的場地。

梵几®
hand made
furniture

來自中國的創意家居品牌，名字意
為『淨空安靜的家具』。設計並售
賣簡約現代的『輕中式』原創木作
家具，並推出集合家具賣場、品牌
體驗空間、雜貨鋪、藝廊、咖啡館
等多重功能的『梵几客廳』。

高古奇
北方長大，南方求學，工業設計專業畢業。在很多城市生
活過，搬過二十幾次家，但一直沒有放棄對理想的家的追
求。2009 年開始從事室內設計，2010 年成立梵几，不斷
反思「這個時代的中國家具是什麼樣的？」
www.fnji.com

禪意多人沙發：實木骨架結合軟墊的折中設計，外剛內柔，保留中式禪意的同時採用
西式沙發的坐面，舒適又不失氣場。

五斗櫃：側視為斜面，更為秀氣，不同層高的抽屜
可放置各類衣物；全榫卯結構，梵几家具的代表性
設計。

有背圈椅：全榫卯結構，現代的中式設計。

壹伍版竹椅：靈感來自兒時坐的小竹椅；全榫卯結構，梵几家具的代表性設計。

門廳組合櫃：適於放置經常使用的帽、鞋、包以及出門需攜帶的錢包、鑰匙等。

捲簾玻璃櫃：考慮到收納的多種可能性，集合敞開式、封閉式、半敞開式的儲物空間；捲簾確保儲物空間的透氣性，可作為餐邊櫃。

這個時代的中國家具

　　隨著中國經濟的快速發展，社會民眾的消費習慣也不斷在變化。十年前，民眾更多透過服飾、汽車等「外在」商品彰顯其社會地位，表達其對生活品質的追求。近年來，消費重點逐漸轉移到相對「內在」的文化生活和家居環境。在這樣的背景下，市場上湧現了許多注重設計與審美的家居品牌，力圖透過實用性之外的藝術感打開一片天地，梵几也是其中之一。

　　由設計師古奇創建的梵几，設計和銷售簡約現代的「輕中式」家具，並推出集合家具賣場、體驗空間、雜貨鋪、藝廊、咖啡館為一體的美學空間「梵几客廳」。在這裡，客人可以漫步、喝茶、聊天、欣賞藝術、選購家具。不像是購物，更像是在朋友家做客，度過一段安靜美好的時光。

　　梵几推出的家具為純手工製作的實木家具。它們以自然為靈感，運用榫卯等中國傳統工藝，在形態上既有中式感，也能看到日式與北歐風格的結合。簡約的造型讓它們在古樸之外多了幾分現代，圓潤的邊角和流暢的線條似乎訴說著與世無爭的禪意，特色的錐形腳如同芭蕾舞者踮起的腳尖，在優雅之餘又帶有一絲清高。「高速發展之下，人們的生活需要有好的設計來填

補，而梵几做的就是這樣的事。」在家具的陳列上，梵几客廳重視用戶體驗，在畫分出不同功能區域的空間裡，家具以規整的姿態擺放，彷彿許多戶不同的人家。它們毫不喧嘩，卻在靜默中展現高雅的意趣。

在家具之外，梵几從世界各地選購的風格雜物增強了客廳的生活感，為空間注入血肉，而咖啡廳飄來的咖啡香和歡笑聲又為它增添了不少的溫情。墨白、陳樹、蔣晟等藝術家的作品定期在這裡展覽，宣示著主人不俗的品味。「談笑有鴻儒，往來無白丁。可以調素琴，閱金經。無絲竹之亂耳，無案牘之勞形。」在梵几客廳，消費者可以忘記日常雜務，與親朋好友一起享受「家」的時光。

打造中國人理想的家居環境是梵几的追求，透過線上雜誌，梵几進一步溝通這一價值理念。在梵几的官網上有「梵几在家」和「串門」兩個專欄，透過採訪使用其家具裝點家居空間的不同創意人士，分享他們對家的不同理解，展示家的不同可能性，梵几不斷豐富其品牌內涵。

梵几客廳北京國
子監店內一角。
主要產品為羅漢
床。傳統羅漢床
的現代設計，全
榫卯結構，梵几
家具的代表性設
計。

梵几 2016 年新品家具形象照，主要產品包括方糖多人沙發：由半包式的木架承托，外剛內柔；炕几：方便置於榻榻米、羅漢床等，也可以單獨作為茶几使用；玻璃單門電視櫃。

　　透過融合中西風格的創意家具，層次豐富的體驗空間，持續不斷的價值溝通，梵几成功營造了符合中國消費者想像的理想家居環境，得到市場的青睞。隨著品牌的發展，它計畫未來在中國境內十個城市開辦不同風格的客廳，讓更多人得以體驗理想的宜居之家。

梵几 2016 年新品家具形象照，產品包括叉腳小餐桌：線
條纖細靈巧，結構借鑑中式木結構建築，全榫卯結構；布
面小餐椅：梵几的第一款軟墊椅，結構輕便簡潔卻富含細
節；門廳組合櫃；玻璃置物櫃。

▼ 專訪高古奇

您怎樣定義梵几創造的「家」？您理想中的家是什麼樣子的？

　　「家」是一個抽象的概念，它的具象表現是房子、家具、飾品，但靈魂是「人」。一名人的家裡的種種擺設是這個人「獨立人格」的表現。例如在電影、電視裡，一位工人、駭客、政客，觀眾可以從他家的樣子來閱讀這個人是怎麼樣的。而家具可以説是「骨架」，因為它們是最大件、最不容易更換的東西，而飾品則是「血肉」。

　　我理想中家的樣子，應該是在一條河的邊上，有院子和草坪，狗可以在院子裡跑。室內有大的客廳連接植物陽光房，還要有帶天光的工作室和木工房。墨白（高古奇的妻子，職業為畫家）會希望有個挑高很高的畫室。所有的家具都是我們倆收藏或自己設計的。當然，這些很難在北京實現。

在梵几的線上廣告中，「生長於野，安於室」這個句子總是出現在最開始。梵几和「野」及自然的關係是什麼樣子的呢？

　　「生長於野，安於室」其實説的是我自己。我小時候基本上是在半野的環境下長大的，白天上課，下午可能就跑到河邊抓魚了。雖然小鎮不算農

在 2016 年新品家具的形象照中，動物登堂入室成為家居環境的一部分，寄託了梵几「生長於野，安於室」的品牌理念。

村，但是離自然很近，除了下雨下雪，其餘的日子都是真正的藍天白雲。後來去到大城市，才知道這種生活的珍貴。所以我希望透過我們的家具，提醒大家自然的美好。梵几的家具都是採用實木，生長在野外卻安於城市的室內。雖然有些悲觀，但是這就是現實，我們都看過《荒野生存》，人們已經不可能再去過那麼原始的生活。所以「生長於野，安於室」其實是嚮往和現實之間的「平衡」。

您如何評價梵几的設計風格？從創立至今，梵几的設計風格又經歷過什麼樣的變化？

以前媒體會把梵几歸入「新中式」的範疇，我一直覺得不太合適，因為新中式的架構是建立在明清家具改良的基礎上，而梵几的架構是建立在北歐和日本的近代家具基礎上的。有一天，有個新員工在求職信裡寫到，梵几是「輕中式」家具，這個形容我覺得比較貼切。經歷了五年的推陳出新，我認為梵几在設計上更把功夫花在細節上，而早期會更加表象。例如說以前的線條很直白，現在會更加溫潤，也更重視觸感。

可以和我們分享一下梵几的市場定位嗎？

　　梵几的定位是在 25 歲至 55 歲，第一次或第二次裝潢家庭的人群。我們沒有以市場思維有針對性地做推廣，更多的是做自己喜歡的事情，並把它做好，這樣喜歡的人自己會出現。

梵几一路走來，遇到過的最大挑戰是什麼？

　　挑戰在於「平衡」，例如當宣傳和管道做得好了，生產和客服就有壓力；當生產做好了，銷售和店鋪就要去建設。一個品牌不是一兩個人做的事，而是一個不小的團隊，而團隊需要建設，也不斷地會有頭重腳輕的情況出現，這個時候創辦人就必須出來掌舵，必要時候自己也要上陣。

在您眼裡，什麼樣的品牌可以被稱為「文化創意品牌」？

　　我們比較少用「文創品牌」這種叫法，通常會稱為「設計師品牌」或者「獨立品牌」。我可以談談「設計師品牌」，其實每一個賣設計的品牌都有設計師，但是為什麼我們這類品牌要叫作「設計師品牌」呢？我認為「設計師品牌」的核心是以「設計師」為創辦人，並且由創辦人為市場主導。說白了，就是可以「任性」一些，而不是所有決策都要有一堆理性思維支持。我想「文創品牌」和這個是同樣的道理。

梵几客廳西安店一角，主要產品為小方几、高腳櫃、平圍床。

Blom & Blom

來自荷蘭的創意燈具品牌，由布魯姆兄弟創立。他們從東德時期的廢棄工廠裡收集破損的工業產品，賦予它們新的生命。

卡米爾·布魯姆 (Kamiel Blom) 和馬汀·布魯姆 (Martijn Blom)
卡米爾是團隊的創意領導，曾擔任影片製作人的他現在負責所有產品的修複和再設計工作，是一名真正的手藝人。馬汀則是團隊的商業領導，擁有建築、商學和社會科學等多個學位的他因厭倦在跨國公司一成不變的生活，在卡米爾的遊說下加入 Blom & Blom，並擔任「戰略家」的角色。
www.blomandblom.com

Blom & Blom 將被時代拋棄的燈具，改造成適用於現代空間和符合現代審美的復古產品。

把來自東德時期的廢棄燈具改造成適應現代空間的嶄新器物，Blom & Blom 點亮的不只有燈，還有舊時代的審美意識。

把東德點亮

　　和許多歐洲年輕人一樣，卡米爾對東德的歷史非常感興趣，也經常到故地遊歷。偶然一次，他在東德的廢棄工廠裡發現許多當時留下來的燈具，它們雖然陳舊殘破，卻呈現出一種獨特的風味。許多品質還很好，透過清洗和修復，應該能繼續使用。卡米爾聯想到當今極為流行的復古設計，許多消費者喜歡選擇看上去陳舊的產品。比起將物品設計得「復古」，直接利用過去的物品不是更加直接、更加聰明嗎？這將是非常有趣的事，興奮的他約上馬汀開始這項事業，開始修復和再設計這些來自另一個時代的產品，賦予它們新的生命。

　　在廢棄工廠收集的舊物大多來自包浩斯時期，或受該設計運動的影響，呈現形式服從功能的實用特性。它們的造型往往簡約，並富有強烈的工業感，而這與當代追求簡約的美學一脈相承。因此，儘量保持原貌而不增加過多修飾，就可以讓產品擁有鮮明的形象。但兄弟倆對它們有更高的期望，他們希望消費者拿到 Blom & Blom 的商品時，除了把它當成一件復古的玩

意，還能把它看作承載歷史、文化與故事的文化商品。以此出發，它們積極尋找與消費者溝通產品文化的有效方式。最後，他們想到了幫每件商品設計一本「護照」的方法。在護照上，每件產品的來源、歷史、發現地相片、使用的特殊材質及應用的獨特設計被一一介紹。這種「教育」行為成功地增強了 Blom & Blom 的品牌感染力，許多客人用護照向朋友展示在 Blom & Blom 購買的產品——護照變成宣傳品，許多人慕名而來。

透過明確的品牌形象和有效的價值溝通，Blom & Blom 獲得了一定關注。在此基礎上，Blom & Blom 注重和媒體的關係，透過「正確地」講述自己的故事吸引更多人的目光。從標誌著品牌成立的網站開始營運的第一天，Blom & Blom 就被全球媒體廣泛報導。他們的理念讓很多記者和編輯覺得有意思：兩兄弟在時光凍結了 20 年的東德工廠裡尋找被遺忘的寶物，聽起來有趣又刺激。未來，Blom & Blom 希望在原有的基礎上推出更多原創的設計作品，為世界講述更多關於傳統與現代的有趣故事。

Blom & Blom 的門市設計按照品牌的原則進行布置和裝飾，參觀者得以在此體驗品牌的文化與精神。在這裡，燈具在白牆上陳列，每一盞旁邊配有一張卡片，記錄其發現地的照片和它的歷史、使用的獨特材料與設計。人們不僅能看到物品，還能瞭解它們背後的文化內涵與設計意圖。

▼ 專訪馬汀

Blom & Blom 一路走來，經歷了哪些里程碑式的事件？

　　Blom & Blom 發展歷史的第一個里程碑是開通我們的網站，這也標誌了品牌隨即正式面世。從我倆最初在阿姆斯特丹和柏林兩地透過電話討論要創業，到網站的發布，中間經歷了大概一年半的時間。在此期間，我們謹慎地定位品牌理念，布置品牌策略並做好各種執行準備。網站的發布就像是懷胎一年半之後終於把孩子生下來——雖然我們兩兄弟永遠都不可能體驗生產過程。所以當大家可以理解和接受我們的品牌概念時，我們非常高興，也感到一丁點自豪。

　　第二個里程碑是 Blom & Blom 門市開幕。當時，我們第一個工作室——父親的舊棚屋已經裝不下我們的產品了，我們不得不為它們找個新家。我們想要一個可以讓客戶參觀和完整體驗品牌概念的地方，所以就去物色能把工作室、辦公室和門市三合一的地方。我們在一棟漂亮的工業樓裡發現了個舊車庫，覺得它非常合適。經過 3 個月的集中翻修，我們讓那裡重新煥發原來的氣息，完美地配合我們的品牌概念。搬進新環境使我們的商業模式真正向前一步，按照品牌的原則來布置裝飾，我們打造出一個讓參觀者體驗品牌的空間。在店裡，所有產品都被給予應得的關注，燈具在一面白牆上單獨陳列，每一盞旁邊都配上一張記錄其發現地的照片和詳細的介紹。如

在 Blom & Blom 新的原創設計中，卡米爾和馬汀利用材質本身具有的特質進行創作，希望最大限度保留材料的純粹性。

正在修復燈具的布魯姆兄弟。

此一來，人們不僅能看到一件物品的價值，還能瞭解我們尋獲這些寶貝的歷程。實體店面是巨大的成功，促進了生意發展，也豐富了我們的品牌體驗。

第三個里程碑是立在未來的。從到訪過的奇妙之處和遇見過的百千種燈具中得到啟發，我們現在充滿熱情地去做原創設計。2015 年，除了修復和再設計，我們出於個人的好奇心，做了多件原創設計作品。在很多人「丟棄」的廢料和物品中，我們發現了某種「隱藏的美」，然後將它們變成燈具或家具。2016 年我們會在產品系列裡逐漸加入這些設計，看看客戶的反應如何。這是生意的下一步，我們也十分期待。

在進行燈具的修復和再設計時，你們會遵循什麼樣的原則？

修復、再設計，但也在創造出屬於自己的設計時，我們都帶著尊重之情對待物品和它的過去、來源。物品從哪裡來，經歷過什麼，或者其材料純粹的特性，對我們來說一直，也永遠是十分重要的。我們修復的物品很多是包浩斯時期的設計，或者受該設計運動的影響。包浩斯大學的信條是「形式服從功能」，宣導純粹、實際的設計，這也是我們非常崇尚的原則。特別是在我們新的原創設計裡，我們把材料或者物件的純粹性放在首位。例如，我們最近在用阿姆斯特丹一些運河的樁材製作照明器材架。這些樁材在水裡泡了半個世紀，木料幾乎石化了，形成一種很美妙的平衡：木材的外部粗糙、堅硬，但中間保留了木的柔軟。我們發現這種特質，就覺得要好好利用……，於是我們就這麼做了。

在過去一年裡我們參與了多個不同的專案，除了修復我們的最新系列（在官網上有展示），我們還為客戶訂製「單品」，設計燈光布置圖，而且從各種材料獲得靈感，製作照明設備。透過廣泛地探索，我們認識到自己的興趣和能力都不僅僅局限在修復照明設備和家具。接下來幾年，我們希望強化這部分的品牌理念，挑戰自己的創意，看看前途如何。

我們最近在阿姆斯特丹完成一個特別有趣的案子——為「發電機旅館」（Generator Hostel）設計照明設備。整體的室內設計由「設計代理」（一家加拿大室內設計公司）負責，而我們負責其中的照明專案。發電機旅館希望旅客們享受店內的公共空間，而不是一直待在自己的房間裡，我們因此十分關注公共區域的照明設計。在各個公共區域裡我們一共放置超過 60 件照明器材，也為旅館最重要的兩個環境——「地下」酒吧和「禮堂」酒吧分別設計了大型照明裝置。旅館使用的建築在過去幾十年裡一直被用作大學的實驗樓，為了表達對這份歷史的尊重，我們設計了一個由 70 多盞小燈組成的照明裝置，材料全都來自原先實驗室裡的玻璃燒杯，有些真是當年這棟樓裡的學生用過的。透過這個案子，我們有機會建立和發展「照明是廣義室內設計的延伸」這個概念。

我想像中 10 年後的 Blom & Blom 是這樣的：我們在自己的大型工作室生產不同類型的照明設備和家具：有客戶指定的 5 公尺高訂製款，有規模化生產的限量版系列，甚至有最後被藝廊收藏的藝術創造設計。無論如何，我們的核心原則是：讓所有用於創作的物件或材料展現出其最廣義上的真實。

一個文化創意品牌要擁有真實性。它要有某種代表意義，而且名副其實。這樣的品牌十有八九生產實體產品，而且產品的設計、生產或製作過程都被灌注了熱情，每個方面都經過精心思考。有個好例子是專做特色桌子的荷蘭品牌瓦諾德斯（Vanouds）。他們從比利時阿登高地買入整棵胡桃樹，不去掉任何

天然部分就將它切塊：留下樹幹、樹枝，甚至苔蘚都還在。然後就用這木材製作桌面，塗上厚厚一層環氧樹脂。這個塗層將木材（包括樹枝和苔蘚）封壓，同時保存好。就像是琥珀中的昆蟲，加工後變得不朽。

另一個例子是阿姆斯特丹的布蘭特和利維（Brandt & Leive）。這個品牌的老闆是三個超愛香腸的傢伙，他們的使命是要做出阿姆斯特丹最好吃而且最真材實料的香腸。他們成功了。品牌的推廣經過極致的深思熟慮，他們花了很大功夫讓人們可以看見、感受、體驗到他們的工作和動力，於是大家可以瞭解和支援他們的方式，也喜愛他們的產品。那不是普通的香腸，而是Brandt & Leive，一種有情懷的香腸。

還有一個我們欣賞的擁有更大名氣的品牌是弗雷塔格（Freitag），這個瑞士品牌製作以舊卡車車篷為材料的包，他們展示品牌和產品的方式非常生動。舉個例子，在他們的官網上你可以查到自己的包是用卡車車篷的哪個部分製作的，這樣會讓你覺得自己的包獨一無二。

可否用一句話分享「如何創建一個成功的文化創意品牌」？

明確你的主張，堅持你的價值觀，最重要的是讓客戶（還有其他利益相關者）體驗到你的付出。

在馬汀和卡米爾看來，照明是室內設計的延伸，好的照明設計可以對人的活動發揮引導作用。

KIKOF

由日本設計公司 KIGI 與滋賀縣手工藝者組織『母親湖產品』（Mother Lake Products）於二〇一四年共同發起的品牌，結合傳統工藝與現代設計，推出造型獨特的八角形餐具。

設計工作室 KIGI
由設計師植原亮輔和渡邊良重於 2012 年創建於日本東京，專注於藝術指導、品牌發展、平面設計、產品設計等不同領域。

www.kikof.jp

KIKOF 生產的餐具。

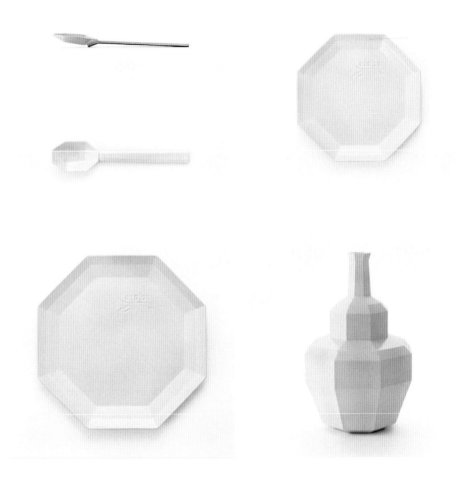

餐盤裡的湖波光影

　　信樂燒是日本一種古老的製陶工藝，發源於滋賀縣琵琶湖畔的信樂町，
其歷史可追溯至奈良時代。它的魅力來自獨特的原料：因使用丘陵地帶的優
質土壤，成品整體呈溫暖人心的緋紅色；特殊的地理環境令土壤形成粗顆粒
砂質泥，造就了它充滿肌理和質感的趣味。現代的信樂燒在工藝和形式上有
了一定的改進，但基本的形態卻幾乎沒有改變。它們繼承傳統陶器古樸的美
學，但在視覺上卻沒有令人眼睛一亮的改變。也正因缺乏革命性的改變，信
樂燒的市場和工藝在不斷地萎縮和衰退。

　　京都立命館大學教授佐藤典司先生目睹琵琶湖畔各種工藝的衰落而痛
心不已，因此主導開展「母親湖產品」（Mother Lake Products）專案，並
立下大志：「在孕育生命的琵琶湖畔，由我們這一代人開始，要產生一種新
的生活方式。」由此，他邀請一批工坊向設計的方向延伸進行探索和嘗試，
希望保留這個地區特色的工藝、食物、文化。2014 年，設計公司 KIGI 與
Mother Lake Products 合作，共同發起一個名為 KIKOF 的餐具品牌，推出
使用信樂燒工藝生產的設計餐具。

用傳統信樂燒工藝製作的狸貓：產品呈緋紅色，質感粗糙，風格古雅。

KIKOF 的產品模型：形態已和傳統信樂燒截然不同，甚至讓人完全無法將兩者聯繫起來。

　　KIGI 的設計師植原亮輔和渡邊良重是日本平面設計界中備受矚目的新人，他們對信樂燒的改造主要在造型和顏色上。平面設計的背景讓他們對造型的思考以紙為中心：八角形、清晰的稜線打破傳統的形狀，表現嶄新的造型；最大限度減少胚胎的厚度，表現當代日本纖細的審美。在顏色上，為了呼應 Mother Lake Products 專案的本土化概念，他們從琵琶湖中吸取靈感，選取了最具代表性的四個時態的波光顏色，用四種簡單而極具代表性的顏色來表現現代的信樂燒，一掃傳統陶藝的質樸形象。

　　從信樂燒工藝中脫胎的 KIKOF，雖然所用材料還是信樂町、琵琶湖畔的土，但其形態已和傳統信樂燒截然不同，甚至讓人完全無法將兩者聯繫起來。但在骨子裡，這個取材於傳統工藝的產品，最終還是需要回歸到本土中。

　　文學是很容易找到本土概念的，各種景色入句、入詩、入文章，文學便有了地域性。日本俳聖松尾芭蕉有俳句描述琵琶湖：「水動群山靜，風吹花

琵琶湖位於日本滋賀縣，為日本最大的湖泊。這裡風景優美，以「煙雨、夕陽、涼風、曉霧、新雪、明月、深綠、春色」八景聞名。

飛琵琶湖，波浪出。」這是除了琵琶湖畔，其他地方無法找到的景色。但什麼是「本土」的工藝呢？在 KIKOF 的取材和設計階段，他們逐漸意識到琵琶湖本身就是一個巨大的器，能孕育出承載了琵琶湖畔的水質、土壤、氣候、人文的信樂燒。信樂燒的一切特點，簡樸、素雅、充滿質感，也是由琵琶湖的特點帶來的。因此，KIKOF 在每件產品內側刻上數字 670.25，這個數字正是琵琶湖的面積。在設計師看來，這個就是信樂燒和 KIKOF 與眾不同的地方。

KIKOF 選取琵琶湖在早晨、午間、黃昏以及月夜映照湖面時的不同色彩，以清晨藍（Morning blue）、午間白（Noon white）、落日粉（Sunset pink）、月夜灰（Moon night）確立了產品的顏色。

▼ 專訪植原亮輔、渡邊良重

創辦 KIKOF 的初衷是什麼？

　　以琵琶湖聞名的滋賀縣擁有豐富的自然
資源和傳統的珍貴手藝，為了讓世界看到它
們，佐藤典司先生帶領滋賀的手藝人集團
「母親湖產品」專注於傳統工藝的創新設
計，希望在運用傳統工藝技術的同時結合現
代的生活方式，製作產品，激發產地的活
力，使傳統和現代相融合，並成為一個典
範。考慮到「不能是一次性的」、「不持續
發展的話就沒有意義」，我們決定一起建立
一個品牌，以設計師和手藝人共擔風險、共
用利益的形式經營，這就是 KIKOF 的由來。

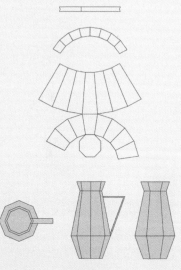

設計草圖：以折紙為靈感。

可以分享一下 KIKOF 發展至今經歷的重大事件嗎？

　　2015 年，KIKOF 獲得「東京 ADC 賞」最優秀獎。ADC 是由東京藝術
總監俱樂部（Tokyo Art Directors Club）創立，以廣告和設計方面為主的
獎項。這個獎項是產品設計、平面設計、商標、廣告策劃等領域能得到的最
高評價。獲獎讓工作人員和專案進行的動力提升許多，KIKOF 也得到更多
關注。我們接受很多採訪，展覽的預約增加了，更多人知道我們正在投入做
的事，這也提示了關於設計的新可能性。

　　2016 年 4 月，KIKOF 在米蘭設計週國際展銷會上展出，受到海外傳媒
和多國人士的關注，大幅度提升品牌知名度。

KIKOF 的造型和顏色獨樹一幟，靈感從何而來？

　　相比原先給人笨重感的信樂燒，我們希望 KIKOF 的產品有輕薄如紙的
視覺和觸覺效果，最後決定以折紙為靈感進行產品製作。在決定水壺的形狀
時，我們希望它從上面看時是美麗的多角形。我們想過六角形、八角形、十
角形，最後選擇最實用的八角形。用八角形的話，水會非常容易倒出；八角
形的造型也非常美。客人們實際拿到手上時會為容器的輕便感到吃驚，也比

借助介於日常與非日常之間的設計，KIKOF 引出與平常不一樣的烹飪表情。

較貼合女性的手，使她們感到愉悅。而且，那樣的形狀只是放置著也能讓餐桌變得華麗，裝上餐食的話更能上升一個等級。

　　傳統的信樂燒顏色比較沉悶，我們也希望做出改變。琵琶湖是日本的巨大容器，承載了豐富的資源，培育了令人感動的技藝。因此我們希望產品的顏色能體現琵琶湖的美麗景色。最終，我們選取琵琶湖在早晨、午間、黃昏以及月夜映照湖面時的不同色彩，以清晨藍（Morning blue）、午間白（Noon white）、落日粉（Sunset pink）、月夜灰（Moon night）確立了KIKOF 產品的顏色。

　　在我們看來，這是處於日常和非日常之間的設計，只要花一點點心思就能引出與平常不一樣的烹飪表情。我認為這是會激發烹飪心的設計。

兩位對 KIKOF 的發展有何期待？

　　可以的話，希望 KIKOF 能被放置在世界主要城市的高級精品店裡，又能在滋賀縣的琵琶湖畔擁有推介使用 KIKOF 的生活方式的場所（商店、酒店等）。

可否請您用簡短的語言，分享「如何打造一個成功的文化創意品牌」？

　　在繼承傳統技術的同時提倡新的創作，更好地製作產品。明白到商品不是會突然熱賣的東西，而是逐漸熱賣——這要看消費者的情況，也要看製作方的情況。長遠來看，構建和用戶的關係，使其逐漸發展壯大是至關重要的。

atelier C—Brain

C-Brain 於一九九四年成立於日本金澤市。秉持『作品要能夠包含喜樂而讓人愉悅』的創作理念，在手工製作腕錶領域傳承和發揚金澤的傳統工藝。

井波人哉
原來從事手工製作教材的開發與銷售，在 1994 年創建 C-Brain
有限公司並擔任社長一職，從此開始手工手錶的製作。

www.cbrain.co.jp

非防水手工手錶。

「箔押」工藝。

從最初製作的非防水手工手錶，到後來的利用「箔押」、「岩顏料」、「紋切」等日本傳統材料和技術點綴的防水手錶，C-Brain 不變的心意是「製作讓日本一般民眾喜愛的物品」。

「岩顏料」工藝。

「紋切」工藝。

手錶上的 1400 年

C-Brain 的創辦人井波人哉原來從事手工製作教材的開發與銷售工作，看到中學的孩子們利用他開發的教材製作出精緻的物品，最後小心翼翼地抱回家，他感到非常高興。為何不製作讓日本一般民眾喜愛的物品呢？懷著這樣的願望，井波人哉在 1994 年創立了 C-Brain 品牌，推出手工製作腕錶。

在發展的前期，C-Brain 的手錶為純手工製作，沒有防水功能。即便如此，一隻精心製作的手錶，與日本多家店鋪合作，從小雜貨鋪到精品店不斷累積，在 2005 年創下 6 萬隻的銷售成果。2006 年，日本知名衣食住用品連鎖店集團 Sazaby League 委託 C-Brain 為旗下的 Afternoon Tea 店鋪製作一款慶祝店鋪開業 25 週年的紀念手錶，要求是具備基本的生活防水功能。若採用原先的製作方法，製作出來的手錶數量有限，C-Brain 因此將零件的製作交付給專門生產鐘錶的廠家，最後製作出滿足生活防水功能的手錶。以此為契機，C-Brain 接到全國客戶的訂單，他們也想要 Afternoon Tea 系列所採用的有防水不鏽鋼外盒的手錶。以此為轉捩點，C-Brain 開始生產生活防水型手錶。

C-Brain 使用岩顏料為錶盤染色，令錶盤擁有普通顏料無法比擬的美麗色彩。

Photo: L.A.Tomari

除了加入不鏽鋼錶盤以增加生活防水功能，在錶盤的製作上 C-Brain 也更進一步──以「切身感受日本之美」為主題，推出利用「岩顏料」、「金箔」、「銀箔」等日本傳統材料和技術點綴的 Hanamokko 系列。岩顏料歷史悠久，提取的技法可以追溯到 1400 年前的飛鳥時代。日本法隆寺的金堂舊壁畫、高堂塚古墳使用的岩顏料歷經 1300 多年依然美麗，充滿魅力。在使用岩顏料為錶盤染色後，Hanamokko 貼上金箔或銀箔作為刻度，凸顯岩顏料的美麗色彩和日本式情緒的優點。錶帶設計上，Hanamokko 應用傳統的天然染色工藝，擁有如植物般柔和自然的色彩，而易於拆卸的特點令使用者可以根據季節和場合隨時更換。

　　設計雖然精良，但如果沒有專業的說明，大眾很難理解 Hanamokko 手錶中的細緻工藝，因此在一開始，找到可以擺放該系列手錶的店鋪十分困難。帶著「沒有市場的話就創造出來，不管怎樣總會有客人喜愛的」的信念，C-Brain 積極開拓市場。在縣、市和國家的援助下，C-Brain 開始參加全國一流的展覽會，知名度逐漸增加，合作的店鋪也逐漸增加。在百貨商場

將指針小心翼翼地
裝在錶盤上，需要
一顆沉穩的心。

Photo: L.A.Tomari

等高潛力場所，C-Brain 舉行期間限定的優惠銷售活動，並請身為製作者的
工作室成員親自銷售，對商品進行詳細而有魅力的說明，同時聽取客人的意
見和要求，不斷改良商品、改變包裝形象，讓產品變得越來越平易近人。

　　未來，C-Brain 想從 Hanamokko 這個系列中生產新類型的商品。不僅
是自己公司開發的商品，還有和著名的設計師、創作者、企業共同研究開
發的商品。「不是賣出手錶，而是賣出文化，賣出驚訝感，賣出幸福感，這
是我們今後構建 C-Brain 手錶世界的要點。我們想創立不論是未來 5 年還是
10 年以上，其魅力也不會損耗，能延續下去的品牌」，井波人哉說。

▼ 專訪井波人哉

C-Brain 想表達的品牌文化是什麼？想向消費者傳達怎樣的品牌概念或訴求？

　　説到手工手錶，很多都是作為一件藝術品來製作，我們公司作為手錶製作的工作室，每一隻手錶都是由多擁有各種技術的員工製作。而且，我們覺得手錶的最後製作者應該是顧客。為此，根據基本理念，不能過度創作，要適當地留有餘地。客人們可以自己搭配錶帶，今天選什麼顏色的呢？什麼顏色和明天外出穿的洋裝比較配呢？諸如此類，煩惱並享受著。這樣的結果是，根據佩戴者的使用方法和使用場合，C-Brain 的手錶可以表現出他們的自我風格。也就是説能夠享受屬於自己的搭配。我們想把 Hanamokko 系列的美麗錶盤中使用到的材料和技術特徵傳達給大家，希望能和大家共用快樂時刻。日本之美和世界之美有很多共同之處，希望我們製成的手錶也可以給全世界的人帶來快樂。

採用「紋切」技術的錶盤。技術過程是先在銀箔上逐層黏貼薄和紙，再往上黏貼剪裁成花紋的和紙，透過角度變化達到花紋的立體感和纖細的美感。

Photo: L.A.Tomari

應用「岩顏料」的過程：將黏膠劑與岩顏料混合攪
拌，運用傳統技法在手抄和紙上反覆多層塗抹，最後
黏貼細小的金銀箔作為刻度。

Photo: L.A.Tomari

C-Brain 的產品從包裝到商品設計都受到好評，決定其設計的理由為何？

　　Hanamokko 系列把日本的傳統美表現在錶盤上，透過自由搭配可以替換的錶帶，享受色彩帶來的樂趣。手錶本身的設計選擇了最簡單的圓形，包裝也是一樣，採用純白色，尖銳而簡單的設計。在簡潔的設計中印有平假名的商標，表現出日本的凜然和柔和之美。整體來看，手錶和包裝的設計比較保守、簡樸，作為有品味的物品，可以長久使用而不會覺得厭煩。這些感性特徵，可以感動的不僅是日本人，還有全世界的人，要是能得到更多人的共鳴就更好了。

在銷售和品牌推廣活動時，C-Brain 有什麼成功的經驗可以和大家分享？

　　C-Brain 之前只是在日本國內銷售，但以新岱中國為開端，開始和商社進行合作，C-Brain 得以在亞洲有影響力的店鋪中銷售。2016 年，在巴黎舉

辦的 MAISON & OBJET 展覽會單獨展出時，Hanamokko 的推廣理事透過派發小冊子、產品展示、巡迴促銷等方式，盡可能簡單易懂且形象地說明錶盤中使用的材料，得到很好的迴響。

顧客對美麗事物充滿驚訝的反應，是世界共通的，能夠感受到他們對日本產品的高度信賴。C-Brain 對歐洲的出口雖然較少，但是受到歡迎，我們也能感到今後在歐洲推廣的可能性。

對 C-Brain 品牌的將來，您有怎樣的展望？

我們想從 Hanamokko 這個系列中生產新類型的商品。不僅是自己公司開發的商品，還有和著名的設計師、創作者、企業共同研究開發的商品。由於在海外開展的活動增加了，我們打算把現在的日語主頁改良成面向海外的英語版。另外，我們將盡可能定期參加巴黎的 MAISON & OBJET 展覽會，希望能增加歐洲的市場占有率。

作為品牌的理念，不是賣出手錶，而是賣出文化，賣出驚訝感，賣出幸福感，這是我們今後構建 C-Brain 手錶世界的要點。我們想創立不論是未來 5 年還是 10 年以上，其魅力也不會損耗，能延續下去的品牌。

在您看來，什麼樣的產品可以被稱作「文化創意產品」？

來自日本高岡的「能作」彎曲餐具。使用者可以自由地塑造餐具形狀，這點比較高超。自行選擇餐具，享受搭配，到現在為止當然是存在的，但是根據自己的目的去塑造，既能作為餐具，又能做其他用途，我認為這就是富有創造性的（而且這正是以傳統產業技術為基礎創作出來的東西）。

在您看來，打造一個成功的文創品牌最應該做的事情是什麼？

要重視外行人的感性。作為專業的手錶製作技術者，即使是覺得很難製作的商品，在把外行人的雜亂想法變成現實商品前，要保持有熱情和探究的心，永不放棄埋頭苦幹。這個過程充滿了驚訝，難道不讓人愉快嗎？

應用「箔押」技術的過程：在岩顏料上逐層黏貼金箔與銀箔，將表面進行細微粗化，使箔的表面呈現消光感。

應用「箔押」技術的錶盤。

竹語

The words of
BamBoo

設計理念源於『西湖綢傘』的現代傘品牌，用『竹』這種代表江南文化、東方文化的傳統材料沿襲西湖綢傘的文化氣韻，並踐行現代的環保理念。

李游
竹語創辦人，浙江大學城市學院工業設計專業教師，在教學之餘從事品牌策劃與產品設計工作。

https://tkjjry.world.tmall.com

黑白：獲得德國 IF
產品設計大獎、紅
點國際工業設計大
獎的經典款，也是
竹語的第一款產品。

杭州風物志：胡慶余堂國藥房、王星記扇子、大宋沙包……，展現老
杭州風土人情的 12 幅畫卷，串聯起記憶中的點點滴滴。

五行：五行是中國道學的一種系統觀，包含陰陽演變過程的五種基本動態。在「五行」系列傘中，竹語將以「金」「木」、「水」、「火」、「土」為偏旁的上千個漢字鑄刻於傘面之上。

竹的語彙，傘的新生

　　李游是來自中國浙江大學的老師，自小在杭州長大的他對杭州有特別的感情。在這裡，白娘子與許仙在西湖斷橋邊借傘定情的故事被世代傳頌，而傳統手工藝品「西湖綢傘」卻面臨衰落的危險。西湖綢傘以竹做骨，以綢張面，具有很強的審美價值和工藝價值，但因不具備防雨功能，實用性相對較低。隨著各種輕便、實用的雨傘進入市場，西湖綢傘的處境更加尷尬。如何讓傳統的工藝與美在現代煥發出新的活力，讓傳統工藝品在滿足審美的同時具備更好的實用價值，成為李游思考的問題。

　　透過走訪老藝人，瞭解綢傘的製作工藝，李游希望從源頭尋找答案。在走訪中，李游瞭解到：傳統的西湖綢傘選用「六年一刀」的成年淡竹作為傘骨；從選材、劈傘骨，到做傘架、上架……，製作一把西湖綢傘要經過18道手工工序，每個零件、每道工藝都凝結了手藝人的智慧和努力。一把現代的竹傘慢慢浮現在李游的腦海中：保留「竹」這種代表江南文化和東方文化的材料，採用具備防水和遮陽功能的竹纖維布料作為傘面，在傳承傳統工藝的基礎上應用現代工藝，令產品具有實現工業化生產的可能性。

李游參與竹語傘的製作。

經過反覆測試，竹語傘骨的支撐曲率達到最佳，打開後的傘面異常飽滿；獨有的竹質傘柄和鏤空手柄設計結合了人體工學和現代美學，握感舒適。

自在達摩：與著名漫畫家蔡志忠先生合作的「自在」系列之一。

經過三年的研究、設計，李游和設計團隊終於做出了既擁有東方文化韻味，又具備日常使用功能的竹傘，他將它命名為「竹語」。遵循古為今用，洋為中用的設計原則，竹語在具有簡潔現代特質的同時古韻猶存，完美嫁接了西方傘的結構和東方傘的氣韻。透過團隊的反覆調整，竹語傘骨的支撐曲率達到最佳，打開後的傘面異常飽滿，讓人眼前一亮。獨有的竹質傘柄和鏤空手柄設計，結合了人體工學和現代美學，握感舒適，讓用傘體驗達到最佳。在傘面設計上，從最開始乾淨素雅的經典黑白款，到表現中國文化與漢字之美的「五行」系列，承載西湖美景的西湖十景系列，與漫畫家蔡志忠先生合作的漫畫系列，竹語將東方美學的不同語境牽引到小小的傘面上。

自在觀音:「自在」系列之二。

　　因獨特的設計、優良的品質,竹語在 2013 年獲得德國 IF 產品設計大獎、紅點國際工業設計大獎,並成為首批入駐中國傘博物館的現代傘。2016 年,竹語獲得德意志國家設計獎特別大獎,並代表中國文創產品參加丹麥哥本哈根中國文化中心的開幕儀式。透過活化傳統材料和工藝,竹語不僅讓傳統的竹傘復活,也讓東方的竹韻在現代語境下散發出悠遠的餘香。

▼ 專訪李游

竹語是由浙江大學城市學院與杭州天堂傘公司產學研合作研發的，可否和我們分享一下這種特殊的合作方式？

　　竹語最初的概念點來自學院與企業舉辦的一次設計營活動。學生在參觀傳統竹傘製作工藝後，從一雙一次性筷子開始展開工藝結構的聯想，思維發散而來。後來，企業投入產學研合作的經費用於新產品的設計開發，並且在企業工程方面大力配合。這樣的結果是，學校師生的設計能力與企業的實際生產製造能力產生化學作用，促成了不僅具有一定的創新價值，同時兼顧量產工藝製造可能性的竹語。

發展至今，竹語遇到的最大挑戰是什麼？

　　一路走來，竹語面臨的最大挑戰還是在工藝層面。無論對於天堂傘還是我們的設計團隊，要把一把運用天然材料的竹傘做到工藝流程的標準化，需要顧及很多細小的工藝環節，不管是吸鐵石的強度、竹製傘骨的裝配流程和統一性問題，還是抗風性測試、防蟲防黴的處理工藝……，只能透過不斷地調試、實驗和改進工藝來實現工業化生產，光量產就準備了大半年。

竹語產品的不同系列經過怎樣的設計過程？除了傘，有開發新產品的計畫嗎？

　　竹語目前有近 20 個系列，近 60 款傘面主題款式。其中最熱賣的是獲獎的經典黑白款，這也是我個人最喜歡的系列。在我看來，簡單的東西往往最耐看，也最具有生命力。很多新款式由設計團隊內部選稿，再小量徵求用戶意見而來。

　　我們目前在規劃一個全新的子品牌，名字為「R2O」。我們期望用木頭本身的材質屬性和文化屬性來詮釋生活用品，並把產品的文化性、藝術性、人文性提升到一個新的高度。期望它能像竹語一樣獲得大家的認可。

在品牌推廣方面，竹語有什麼成功經驗和大家分享嗎？

　　2016 年年初，竹語和知名演員趙文瑄先生在木藝實驗室進行「親手設計製作一把竹語傘」的文化體驗活動。我們為這次活動製作一個影片，放到

網上後獲得了熱烈的討論。借助文化名人的影響力成功提升竹語的品牌調性，我覺得這是值得分享的經驗。

在您心中，什麼樣的產品可以被稱為「文化創意產品」？構建一個成功的文創品牌，最重要的原則是什麼？

我認為「文化創意產品」必須具備兩個要素：一是有明確的文化調性與設計，二是必須滿足商業市場的量產需求。即使是手工作品也需要有一定的規範與標準，不能簡單等同於藝術品。我個人比較推崇日本 nendo 工作室做的一些文具產品，當然無印良品和 IKEA 永遠是設計師心中的兩座豐碑。後兩者的成功不僅僅是設計上的，還是商業上的。所以我認為文創產品不僅要注重品牌與設計，還要多思考商業與市場。小眾產品與大眾產品都要在符合商務邏輯的大前提下才能茁壯成長。

對於創建一個成功的文創品牌，我覺得品牌的建立不是一朝一夕的，需要漫長的累積與摸索的過程，同時也需要有全方位的考量。而在這個過程中，把握好文化與商業的平衡點非常重要。

品物流形
PINWU

三位來自不同國度，背景迥異的設計師在米蘭相遇，最後來到中國的杭州餘杭，深度考察當地的傳統和手工藝，並以不同的設計語言重塑它們，構成了傳統又先鋒的『品物流形』。

張雷
品物流形與 From 餘杭融設計圖書館創辦人，用當代設計語言重新定義傳統材質與手工藝，帶領團隊獲得 20 餘項國際設計大獎，作品在義大利、法國、荷蘭等國參與全球巡展。

www.pinwu.net

「飄」和「飄 2」紙椅：把皮宣紙糊上天然膠水，一層層糊在傘骨上，這是餘杭紙傘的傳統工藝。而「飄」系列紙椅大膽地用此種工藝將宣紙做成椅子。原本柔弱的宣紙在特定工藝下，具備和實木同樣的牢固度，又保持其原有溫暖細膩的觸摸感。「飄 2」將糊傘工藝與杭州西興燈籠的傳統手工藝相結合，將紙與竹相結合，減輕材料的重量並加強強度，令產品更加輕巧便攜。

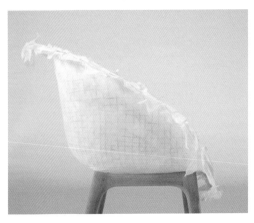

「冰」書架：品物流形主設計師 Christoph John 以中國傳統木紋窗格作為靈感，設計製作「冰」書架。書架採用模組化製作，每個六邊形木格為一基礎模組，可以根據空間需求搭建成不同的高度和形狀，形成屏風，並可以無限延展。因其形狀類似中國傳統窗格的冰裂紋，故取名為「冰」。

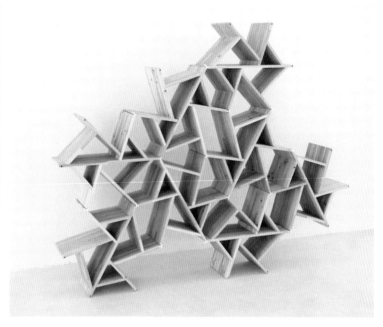

「空氣」竹椅：「空氣」竹椅是對中國傳統竹編工藝的特殊闡述。這張輕薄的概念椅子揭示了竹子能達到的強度的極限。

尋找設計的原鄉

—— Where are you from?

—— I am from ___.

2009 年，來自中國的張雷遠赴義大利米蘭學習工業設計。初到異鄉，被問得最多的問題是 Where are you from——「客從何處來」。這原本只是一個親切而好奇的問候，久而久之卻變成了張雷做設計以及後來品物流形營運的核心問題。

「我的根是哪裡？我的設計來源於哪裡？」

在張雷看來，中國實在太大了，民族眾多，幅員遼闊，不同地區的文化、習俗、審美可能帶來截然不同的設計，因此「中國設計」是一個偽概念。即使是一座城市，對他而言也是混合了很多內涵的共同體。他把目光放到城市下面的單位，2010 年，他來到被聯合國教科文組織評為「工藝與民間藝術之都」的杭州的餘杭區，並帶來兩位志同道合的夥伴 Christoph 和 Jovana。他們的概念是「還鄉」——讓設計回歸鄉土，不刻意做中國設計，而將餘杭的特色展示出來。

「融・手作在杭州」2013年在法國羅浮宮的展覽：品物流形採用3000片全手工製作的竹葉子搭建成展位。

　　從2010年到2013年，品物流形團隊花費4年時間，足跡遍布餘杭各個村落，與餘杭10多位傳統手藝師傅深入合作，重新解構餘杭的傳統手工藝，將其與當代設計相融合，製作獨特的產品。這個被命名為「From餘杭」（來自餘杭）的藝術專案聚焦於竹、清水絲綿、陶瓷和紙等傳統材料，在2013年4月亮相米蘭設計週時引起廣泛的討論。從2013年開始，品物流形開始了「融Handmade in Hangzhou」（融·手作在杭州）專案，每年對一種材料進行解構，並為之融入當代的設計語言。從2013年的「竹」，2014年的「絲」，到2015年的「土」，品物流形邀請不同領域的設計師研究、探索不同的材料，最終創造出尊重傳統（應用傳統材料與工藝），卻又顛覆傳統（對傳統材料和工藝進行溶解和重新組合）的設計作品。

　　品物流形的產品在米蘭備受矚目，在中國市場中定價卻不親民，目前也還沒有量產的計畫。「我去米蘭之前做了很多工業設計，為了迎合市場免不了借鑑甚至山寨，」張雷解釋說，「現在我們還是希望少功利和目的的設計，只要能存活下去就可以。」雖然更多以實驗和傳承為主，但從商業的角度上來

Fleka 桌子：土是塵與水的混合，加上釉在窯中燒製，會有完美的呈現。在這件以「土」為設計靈感和製作基礎的作品中，設計師 Jovana 把桌面比作地面，釉比作雨滴，令其散落於地面形成美麗的斑點。

說，現在他們似乎正走在打造中國真正的奢侈品品牌的道路上。透過設計師與傳統工匠的合作，利用經驗、技藝、效用來塑造一個獨一無二的品牌。

2015 年夏天，「來自餘杭」與「融」繼續進化為「From 餘杭融設計圖書館」，這是中國第一個傳統工藝圖書館。張雷、Christoph、Jovana 把餘杭附近的傳統材料和工藝一一抽絲剝繭，記錄在圖書館中，也收集了各式各樣的設計圖書。他們還經常邀請世界各地有趣的設計師到圖書館中做客，利用一種材料、一種工藝研究出自己的設計。儘管這是一個非營利的圖書館，但它卻以一個孵化器的形式，給予傳統工藝新生。

Future tradition——傳統在未來。這是張雷對品物流形目前所做工作的一個理解，也似乎隱藏了一個野心。現在保守的、老舊的工藝是前人留下的傳統，而張雷正努力讓工藝煥發新生，將今天的工作變成未來的一個傳統。時至今日，當再度被問起一開始的問題，張雷已經有了明確的答案。

—— I am from Yuhang, China.

絲閣：在設計師 Jovana 的眼中，「絲」是一種神奇的材料，它從蠶開始——吐絲，成繭，把自己包裹起來。這個名為「絲閣」的絲綢儲物櫃受此啟發，天蠶緞（用桑蠶絲為原料製成的綢緞）被交織、縫製，最後完全遮蓋住框架。

「隱」：在設計師王聖海的眼中，絲是一種輕盈、天然的材料。透過融入中國傳統造紙手藝，他設計這款名為「隱」的燈具，借絲的溫柔材料，帶出縹緲寧靜的禪意。

▼ 專訪張雷

品物流形為什麼會選擇傳統手工藝的再設計？

　　這個轉變發生在義大利米蘭。2009 年我在多莫斯學校讀汽車設計系。當時汽車設計系只有我一個亞洲設計師，所以無論我做什麼，都會涉及中國設計師如何做和如何想的問題。我徹底意識到我是名中國設計師。但是作為一名中國設計師，中國有什麼呢？我開始反思，最後得出的答案是中國的傳統手工藝。而傳統的手工藝對我們來說既熟悉又陌生。熟悉的是在小學的課本上，或者老的器物上看到過。陌生的是，周圍很少有工廠在生產。在米蘭回答「我從哪裡來」問題時，我需要借助中國傳統的東西，挖掘自我本身根深蒂固的東西，並且能夠把它重新整理出來，那這種東西一定是與傳統手工藝相關的，慢慢地跟著感覺，最終進入傳統手工藝這個領域。

可以和我們分享一下「融」這個專案嗎？

　　「融」的來源是「From 餘杭」。最早在做「From 餘杭」的時候，我們和紙傘的師傅合作，重新設計紙傘。我們從紙傘的糊傘工藝演變出「飄」的紙椅和燈具，從紙傘到新的紙傘，到燈具，最後再到一把椅子。這是對傳統工藝解構和跳躍性的創作。我們把這個過程叫作融。在「融」的展覽中把這樣的過程進行演繹。

　　例如竹子這個素材，我們把竹分成七種不同的狀態，分別為竹片、竹竿、竹板、竹皮、竹絲、竹紙和竹纖維。在這七種狀態下，對材料進行手工藝的研究和解構。一種手工藝解構出幾十種不同材料，這個解構的過程大概有三到四個月。之後做一份設計報告，並且把解構出來的材料做成實際的樣品。最後我們邀請了十幾位設計師，把解構出來的材料一併交給設計師。

　　「竹、絲、土」都是分別用三到四個月時間解構材料。最終設計師做出的產品是對原始手工藝的再創作。尊重傳統是尊重傳統手工藝的製作方式，尊重傳統對自然敬重的精神。顛覆的是一種語言，一種表面的設計語言。我

們要求設計師所做的作品，在語言、功能、視覺上都非常的當代，但製作工藝非常古老，或者採用一種非常邊緣的簡單工藝。

材料的研究階段是一個彙合集體智慧的過程，在創作階段是每個設計師獨立設計的過程。在展覽的組織過程中，每隔一段時間我們就把所有設計師請回來，做一個設計草案的分享。每個人可以從不同領域的設計師身上學到不同東西，並且避免在設計方向上的撞車。我作為策展人，只會選擇設計師，不會選擇設計作品。當然我會跟設計師做一些溝通的工作，包括展覽的材料、融的展覽概念等。

現代設計向傳統學習的意義在於什麼？

我覺得「手作」、「手工藝」或「手工業」是工業社會發展的產物，後工業之後應該回到手工業。全球物質、原材料是越來越匱乏，人類不會永遠高速發展。手工業在未來將是一個非常重要的行業，並將慢慢替代工業，但不能完全替代。

嫘祖鞋：德國設計師 Nicole Goymann 與品物流形的設計師 Christoph John 合作，設計了這一系列名為「嫘祖」的蠶絲高跟鞋。嫘祖鞋用蠶絲代替常見的布料或皮革，最大限度呈現絲的本真。

圖書館外觀。

放置設計類圖書的空間。

品物流形團隊把歷年對傳統手工藝的研究，對材料的解構與分解陸續進行整理，並在「From餘杭融設計圖書館」中向設計師公開。

圖書館內的茶室。

傳統工藝與當代設計就好像之前我有闡述過的「糖水理論」，在混合之前各自具備獨有的狀態和性質，但充分混合、溶解之後，昇華成另外一種味道的東西。在未來的設計中傳統工藝會繼續發揮調試的作用，使當代設計更加豐富。

其實對這種風格未來的發展沒有太多的設想，就堅持在當下吧。歷史的興衰都是有它的必然性的，要衰弱或者消失的東西沒有必要去強留，這樣才會有發展。我一直給自己的暗示是一輩子只做設計一件事，不管以怎樣的形式呈現，例如是做公司，還是從事教育。

對於其他想要透過原創設計打造文創品牌的設計師，您有什麼經驗可以分享嗎？

品物流形一直主張解散、打碎、消化傳統技藝，再用當代設計的方式去融合。首先有志於傳承傳統的設計師是非常值得尊敬的，如果要分享一些經驗的話，那就是這個過程非常漫長，只有沉澱下來，靜心地做研究和設計，才會有出路。

來自瑞士的創意包品牌，由弗雷塔格兄弟於一九九三年創立。利用卡車遮雨布製作造型獨特、氣質粗獷的包，以強勁的性能和趣味的設計熱銷全球。

馬庫斯‧弗雷塔格（Markus Freitag）
丹尼爾‧弗雷塔格（Daniel Freitag）
來自瑞士蘇黎世，在成立弗雷塔格前是設計師，現擔任弗雷塔格的創意總監。

www.freitag.ch

背包。

錢包、收納包。

公事包、手提包、購物袋。

弗雷塔格的產品涵蓋背包、
錢包、公事包、手提包、購
物袋等。

肩包。

全球喜愛的二手包

在瑞士，環保已浸潤成為民眾生活的一部分，騎自行車出遊成為許多民眾的選擇。1993 年，身為設計師的弗雷塔格兄弟，和身邊的年輕人一樣，不管是上下班還是在城市漫遊，他們都騎自行車。不像汽車能夠遮風擋雨，自行車會讓他們經受日曬雨淋。體格強健的他們並無所謂，但背包裡的設計稿會遭到損害。這個時候，一個耐曬、防水的背包尤為重要。但他們找來找去，並沒有找到理想的產品。

當時他們住在蘇黎世某個交通運轉中心對面的一棟公寓裡，每天重型卡車從窗外經過。卡車上色彩繽紛、設計粗獷的遮雨布引起他們的注意。他們心中背包的材質正像遮雨布這樣低調而強大，不管多大的風雨都能完成保護的使命。何不乾脆用這種材料做包呢？遮雨布是有壽命的，可當它失去保護卡車的功能時，它尚能保護設計稿和一些私人物品吧？兄弟倆越想越興奮，設法找到一塊廢棄的遮雨布，將上面的金屬零件和繩索解開，徹底洗清油污，剪裁出做背包需要的布料，再將它們縫在一起。

製作這個包的其他材料，能否也都是回收材料呢？讓這個包成為一個徹底環保的作品。在尋覓之後，他們找到另外兩種材料——用於布面滾邊的自行車輪胎內胎，用作背帶的廢棄汽車安全帶。自行車輪胎內胎非常強韌，而安全帶在結實的同時又貼合人體。三種材料有如天作之合，讓最終的成品擁有強大的性能。

　　當製作完這個包，兄弟倆將它展示給朋友看，他們都非常喜歡。潛藏在兄弟倆血液中的創業熱情也因此被喚醒。用遮雨布做包既具有實用和環保價值，話題性又很強，看起來是一門很好的生意。他們利用積蓄購買一批原材料，開始進行「弗雷塔格包」的大量生產。遮雨布的圖案各異，被裁剪下來做包的每一塊又不盡相同，製作的每個包不僅不會失去個性，反而獨一無二。透過改良工藝和細節，兄弟倆讓它背起來更加舒適，亦能適應更惡劣的天氣。因為特殊的設計和卓越的性能，弗雷塔格包一經推出便在社交網路引發廣泛討論，不僅在包袋行業引起轟動，也在都市騎行青年圈子裡引發熱潮。

在使用前，遮雨布需要進行徹底的清洗。

在清洗後，工人將遮雨布平鋪在工作臺上，分析如何裁剪。

遮雨布的圖案各異，被裁剪下來的每一塊不盡相同，令每個包獨一無二。

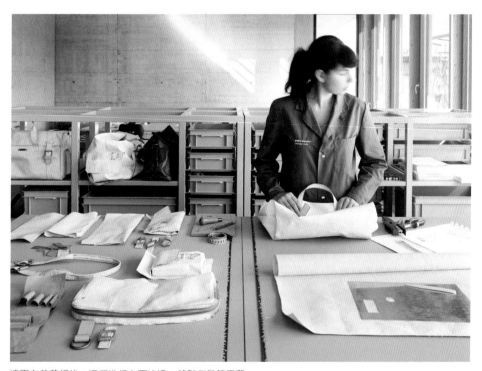

遮雨布裁剪好後，還要進行布面滾邊、縫製背帶等工藝。

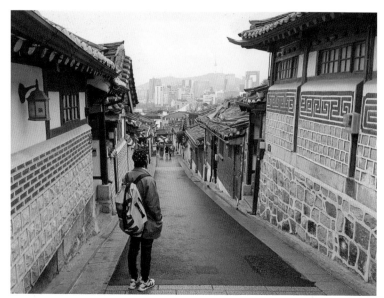

FREITAG 在 Instagram 推 出 宣 傳活動。旅行者只 要上傳旅途中含弗 雷塔格包的相片， 就可以在任意一家 弗雷塔格專賣店租 借其「旅行者」系 列產品。

　　透過深入挖掘品牌精神，制定品牌策略，兄弟倆力圖為弗雷塔格建立清 晰的文化形象。如果説環保是弗雷塔格的品牌核心精神，那麼旅行則是這種 精神的載體。兄弟倆最初以遮雨布為材料製作包，正是為了讓它適應旅途中 惡劣的天氣。弗雷塔格希望讓消費者瞭解，無論在什麼樣的旅途中，弗雷塔 格包都將是最忠心和盡職的夥伴。

　　在弗雷塔格官網上「朋友和項目」中，弗雷塔格分享了使用其產品的創 意人士的故事。不管是在蘇黎世開髮廊的時尚青年，還是橫跨歐洲拍攝紀錄 片的導演；不管是從家到公司，還是從祖國到他鄉，不同類型的弗雷塔格包 總能讓他們感到滿意。弗雷塔格也在 Instagram 舉辦活動，旅行者只要上傳 旅途中含弗雷塔格包的相片，就可以在任意一家弗雷塔格專賣店中免費租借

其「旅行者」系列產品。透過與消費者溝通旅行故事,弗雷塔格將旅行文化融入其品牌形象中,不斷加強其旅途良伴的形象。

　　2014 年,弗雷塔格利用歐洲本地植物的內皮纖維,與距離蘇黎世半徑不超過 2500 公里的工廠合作,生產一種可生物分解的環保材料 F-ABRIC,並用它製作服飾。在宣傳的文案中,弗雷塔格向大家介紹,「在與這些服飾度過快樂的幾年後,您所需做的只是解開它們的紐扣,將它們埋在土裡,大自然就會吸收它們,將它們轉化為大地的養分。」從卡車遮雨布到 F-ABRIC,弗雷塔格從來不走尋常路,卻沒有放棄對環保的追求,並與熱心環保、喜愛探索的消費者攜手向前。

利用 F-ABRIC 製作
的服飾充分表現了
環保的理念。在與
它們度過快樂的幾
年後，消費者可以
將它們埋在土裡，
讓它們轉化成大地
的養分。

22™

由設計師游聲堯與鄭伊婷於二十二歲大學畢業時創立的設計工作室，推出以水泥作為主要材質的首飾、文具、鐘錶及家居生活用品。

游聲堯和鄭伊婷

游聲堯，成功大學工業設計系畢業。鄭伊婷，英國皇家藝術學院碩士生。愛看也愛買富有設計感的隨身精品的他們在大學畢業後共同創辦 22 設計工作室，一腳踏入「用水泥製作酷炫的隨身用品」的世界。

https://www.22designstudio.com.tw/pages/our-story

水泥戒指。

水泥耳環。

水泥飾品。

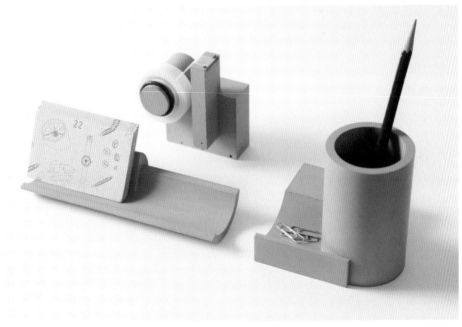

水泥文具。

22 歲的水泥

　　為了記住成立品牌時的活力與衝勁，期望不會因為現實而忘記初衷，22 工作室的創辦人游聲堯和鄭伊婷以當時的年齡為品牌命名。因為找不到喜愛的戒指，又著迷於日本的清水混泥土建築，22 推出的第一件產品是用不鏽鋼與水泥這兩種建築材料製作的水泥戒指。水泥是一種特殊的材質，當厚度薄時易脆，當厚度大時又會比較沉重。在反覆實驗、調試和失敗之後，22 終於做出兼顧硬度與品質的水泥戒指。

　　透過參加國際展會，水泥戒指獲得關注，不僅打開世界市場，也在本土熱銷。水泥戒指的成功讓游聲堯興奮，但同時期推出的其他水泥產品卻沒有收到理想的市場反應。明明是獨特的產品，為何會遭遇困境？在反思之後，游聲堯發現工作室過於強調產品設計，而忽略了品牌建設，導致其他產品無法借勢獲得消費者的認可。痛定思痛，22 工作室放棄設計師本位的思考，以隨身用品品牌的角度重新出發，定義了首飾、書寫工具、時鐘手錶三大主軸，令公司營業額實現穩定增長。

　　2010 年,22 推出四維時鐘（4th Dimension Clock）,產品突破鐘面
常採用的二維平面設計,使用旋轉樓梯的造型營造三維空間,與時間結合構
成極具張力的四維空間。2011 年,在母校的邀請下,22 製作了水泥繪圖鉛
筆（Contour Pencil）,採用等高線地形圖概念切割筆管,保留邊緣直角,
讓它們隨著每個人不同的使用習慣留下獨特紋理。2015 年,22 推出四維腕
錶（4th Dimension Watch）,腕錶沿襲四維時鐘的設計概念,但具有更高
的工藝水準。

　　在推廣四維腕錶時,22 採用眾籌的方式,並獲得超出預期的資金。這
讓 22 第一次體會到品牌「説故事」的力量。「相較於工藝、設計,消費大
眾更希望知道設計背後的理念、故事是什麼。」明確溝通情感價值才是經營
品牌的開始,22 工作室再次開始改變做事的心態,將價值溝通變成工作的
主要內容。2017 年年初,22 以同樣的心態和方式,推出最新產品「四度空
間機械錶」,在眾籌網站上再次取得成功。

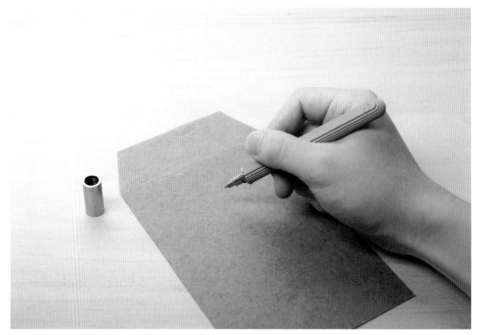

應用等高線地形圖概念的筆管，讓它隨著每個人不同的使用習慣留下不同的痕跡。

　　不同於「完美」的工業製品，水泥的特殊材質會因汗水和摩擦變得光滑溫潤，讓物品在歲月的變化中留下使用者的痕跡。22 設計工作室發源於兩個年輕人衝動的想法，在發展過程中也經歷許多挑戰和困難。但恰如時光對水泥的改變，22 也在歲月沖洗中慢慢明確自己的方向，在磨礪中變得越來越平整和從容。未來，22 工作室希望進一步深化可明確溝通的品牌精神，讓消費者聽到 22 時，不只想到水泥戒指和水泥手錶，更聯想到一種獨樹一幟的生活態度。

四維腕錶沿襲四維時鐘的概念，但對工藝有更高的要求。

「城市」是 22 採用水泥原料的靈感來源，而 22 也用造型各異的水泥飾品構建心中的城市。

▼ 專訪游聲堯

22 創立的初衷是什麼？

　　2006 年我退伍後前往日本旅遊，看見許多使用清水混凝土的現代建築。雖然之前也曾看過建築的照片，但親眼看到表面平整宛如鏡面的水泥牆，還是非常感動。材料可以因為設計產生完全不同的面貌及價值感，這種特質很打動我。

　　返回臺灣後，我設計出 22 的第一件產品：結合水泥與不鏽鋼兩種材質的戒指。水泥雖然給人冷硬的觸感，卻能隨著長時間的使用而變化，留下生活感。佩戴者能以自己的使用方式創造並展現個人的態度與主張，我們藉此探討現代人在都市生活中的種種本質與面貌。

　　對我們來說，22 不只是一個設計師品牌。隨著品牌成長，設計不再只是單獨的物品，而是醞釀出新的、更深一層的內容。無論是戒指或腕錶，傳達的都是一種只屬於現代城市的生活風格，一種不願守舊、直接、勇於展現個性且忠於自我的態度及其衍生的生活面貌。

透過參加國際展會打開世界及本土市場，在眾籌網站上大獲成功，22 在品牌推廣方面表現不俗。請和我們分享 22 在品牌推廣方面的經驗。

　　我們一直以來其實只專注於製作出獨特的產品，符合我們品味的產品，一直到執行完群眾募資後才開始將注意力轉移到品牌的價值溝通。好消息是我們一路以來都忠於自己的生活、品味，所以整體看起來具備品牌的氣氛。但壞消息是隨著公司規模的擴大，產品線的擴展，如何有系統地將品牌的價值與消費者溝通，我們則是完全的門外漢，因此目前正在努力地學習相關知識。但我認為到目前為止我們沒有偏離軌道太多，主要的原因是我們自己本來就喜歡隨身精品，愛看也愛買，因此通常都是已經明確知道市面上沒有符合自己需要的商品時，才著手去設計產品，因此一開始從特色、規格，到定價我們心裡都有個底，一開始就是以消費者的心情來看待自己設計的產品，我認為這點對自創品牌蠻重要的。

您個人最喜歡的文創品牌是什麼？在您眼裡，什麼樣的品牌可以被稱為「文創品牌」？

　　FREITAG 和 Mykita 是我最喜愛的兩個品牌。我認為好的品牌就是從頭到尾、從裡到外、每個細節都能清晰呈現某種精神的商業體。而且那個精神是與追求利益同時並存，不相衝突的。只要符合這個要素，我都相當地尊敬。

2016 年 4 月，22 的第一間品牌概念形象店 22work/shop 正式開幕，為慶祝開業，22 特別推出以經典產品為造型的手工巧克力。

創立至今超過九十年的日本鴨井加工紙株式會社在二〇〇八年推出的面向文具和雜貨的紙膠帶品牌。輕薄但有強度，以和紙為原料並應用日本傳統圖案和現代設計。獲得包括德國紅點獎、日本Good Design 獎在內的諸多獎項，在全球擁有眾多愛好者。

居山浩二
日本著名藝術指導和平面設計師。畢業於多摩美術大學美術系圖形設計。曾於日本設計中心和 atom 工作，2000 年成為獨立設計師並成立 iyamadesign 設計事務所，從 2008 年開始負責 mt 膠帶的設計，令其成為大受歡迎的創意產品。

www.iyamadesign.jp

從始於日本的傳統色彩,聚齊廣受歡迎的各種流行顏色的素色系列,到應用不同圖案和花紋的裝飾系列,再到為不同展覽特別訂製的展覽系列,針對不同節日推出的節慶系列,mt 在居山浩二和眾多設計師的奇思妙想下,擁有豐富多彩的不同樣貌。

豐富且美麗的圖案令 mt 膠帶具有裝飾的功能，原本單調的生活用品在 mt 的裝點下變得活潑可愛。

比服飾更時尚的膠帶

從 2008 年開始，居山浩二開始負責 mt 的設計工作，面對一卷普通的紙膠帶，他思考的問題是：如何讓它變得更有魅力？他最後得出結論：「透過最大化地利用產品特徵，讓產品不僅滿足基本功能，還能擁有更多樂趣，並呈現日本的審美意識。」

說起來，紙膠帶不過是「貼了可以撕掉的漿糊」加上「有透明感的和紙」這麼一個簡單的構造，是「拉出可以伸展開的膠帶」。如何能讓這些特徵最大化呢？

「貼了可以撕掉」是膠帶的基本功能，但市面上的膠帶在使用之後不易撕除，而在撕下後又會磨損物品表面，讓它們醜陋不堪。在這種情況下，改變這一缺陷，讓膠帶在黏著力強的基礎上不僅容易撕除，又不會留下任何痕跡成為 mt 的第一個設計目標。依託母公司鴨井加工紙株式會社近一個世紀在印刷和黏著領域的豐富經驗，mt 實現了這一技術上的突破。

鴨井加工紙株式會社在印刷和黏著領域的豐富經驗為 mt 膠帶提供強大的技術支援。

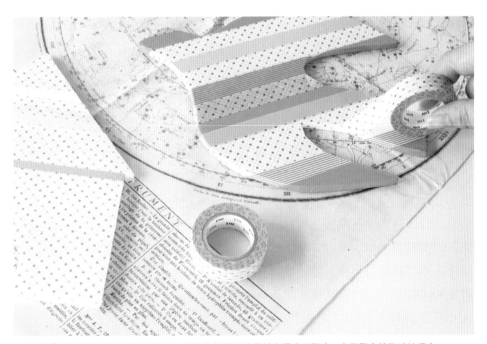

mt 膠帶「容易撕除，又不會留下痕跡」的特色使得它適用於布置生日聚會、主題聚會等臨時性場合。

mt 膠帶 2016 年聖誕系列。

「有透明感的和紙」是和紙膠帶的另一基本特徵。懷著讓本國和世界各地民眾體驗日本審美意識的想法，居山浩二想到可以在紙上應用日本傳統織物的圖案和色彩。透過抽取其中的經典圖樣，加以現代化的改造，mt 彷彿披上了華美的和服。為了令 mt 更有魅力，mt 每個季度會推出新款式，讓它和服飾設計一樣走在時尚尖端，甚至比服飾更時尚。考慮到不同地區的民眾有不同的審美趣味，mt 將不同地區特有的文化和圖案融入設計，並與來自世界各地的藝術家合作，推出讓人感到親切又具有設計感的多種產品，受到廣泛歡迎。

「拉出可以伸展開」在普通人眼裡是所有膠帶都具備的功能，但在居山浩二眼裡，卻包含了膠帶從「小平面」向「大平面」延伸的特質。mt 的初

展覽是 mt 展示產品特色和傳達品牌理念的重要活動。在不同城市展覽時，mt 會以該城市的風土人情、地域特色為靈感，創作展現當地特色的膠帶，並將這些膠帶組合起來，做成宣傳海報。

衷是用來包裝和裝飾，這是「小平面」的應用。可當它伸展開後，可以應用在更大的平面中，讓它產生更強烈的視覺效果。在日本、中國、新加坡等國家，mt 推出不同主題的空間展示活動。它根據當地特有的文化、風俗、歷史製作風格、圖案、色彩各異的膠帶用於空間裝飾。這些美麗的空間給觀賞者帶來極大樂趣，激發他們在社交媒體分享的意願，推動了 mt 在網路世界的傳播。

最大限度地利用產品特徵，讓它們在滿足基本功能的基礎上擁有更多樂趣；擴展產品的使用範圍，讓它們以嶄新的姿態吸引全球民眾的注意。mt 膠帶沿襲了日本文化中把小事做到極致的工匠精神，讓原本默默無聞的紙膠帶成為感動世人的流行文化產品。

2016 年，mt 與位於中國杭州南宋御街的文創書店貓的天空之城合作，用特別製作的膠帶布置書店空間。

▼ 專訪居山浩二

mt 想傳遞給消費者的精神是什麼？

　　使用者用 mt 去點綴各種各樣的東西，給每天的生活帶來色彩和樂趣。另外，透過和紙的質感和配色，也會對日本的審美意識充滿遐想。

在推廣方面，mt 有什麼經驗和我們分享呢？

　　首先，是設計有魅力的膠帶，產品本身的魅力具有讓人口耳相傳的能力，這是最好的廣告；其次，設計能刺激大眾傳播意願的空間，我們的展覽空間得到消費者的喜愛，他們透過攝影並將相片分享到社交媒體上，讓 mt 的產品得到非常大的曝光機會，增強了 mt 的宣傳效果。也正因為如此，且為了能讓世界各地更多的人知道 mt 的存在和樂趣，我們將在未來五年擴大 mt 膠帶空間展示活動的範圍。

mt 策劃並舉辦多次空間展示活動，並在展覽中推出「會場限定」膠帶的銷售，可以再和我們詳細說明它的特別之處，並分享一下令您感到印象深刻的幾次活動嗎？

　　空間展示對 mt 來講是非常重要的宣傳活動。mt 的主要用途是包裝和裝飾，我們卻讓它向新的空間展開。2013 年，我們用膠帶裝飾了日本瀨戶內

海粟島的港口和渡船，在街上用膠帶做了一個非常特別的導視系統。2014年，我們在成都太古里辦了一個活動，展示了印有熊貓、火鍋、蜀錦等圖案的膠帶，收到了很大迴響。2016 年，我們來到中國美麗的杭州市，和當地的著名書店「貓的天空之城」合作，在書店舉辦一個小型的展覽，吸引了和 mt 膠帶的目標群眾交集的讀者朋友。這些年我們在日本的許多城市舉辦活動，也將 mt 帶到臺北、香港和新加坡等活力城市。我們提供了只有在那個地方才能得到的體驗，達到了宣傳效果，提高了它的認知度，也讓民眾對 mt 充滿期待。

在您看來，什麼樣的產品是「文化創意產品」？

不僅拿到手有滿足感，更能給生活方式和思維方式帶來影響的東西。例如蘋果的產品，給人們的生活方式帶來很大的變革，在設計上也具有非常大的影響力。

在您看來，打造一個成功的文化創意品牌最重要的條件是什麼？

我認為創立一個理想的品牌需要具備很多要素，以下幾點非常重要。第一，創作者和消費者要結成牢固的信賴關係；第二，產品從藍圖到最後的成品需要創作者克服許多挑戰，這個過程需要創作者的熱情和堅持；第三，最終完成的產品要具有向各個方向延伸的可能性，而不是單一的；第四，產品要給人帶來幸福。我認為具備了這些條件，就能創立一個理想的品牌。

2013 年，mt 用膠帶裝飾日本瀨戶內海粟島的港口和渡船。

QUALY 是來自泰國的創意生活
用品品牌，展現了實用價值和設
計感的完美結合。

Teerachai Suppameteekulwat
QUALY 的創辦人兼設計總監，帶領 QUALY 斬獲泰國及國
際設計獎項無數，並出口超過 50 個國家。

www.qualydesign.com

「貓頭鷹」鑰匙圈：當掛上鑰匙，貓頭鷹的眼睛會「睜開」。

「貓頭鷹」紅酒塞：
透過旋轉貓頭鷹的
頭部，貓頭鷹體內
的橡膠塞會變大，
讓紅酒與空氣更加
隔絕。

「風車」掛鉤：當把物品掛在掛鉤上，風車會轉動起來——表示物件已安全掛好。

「書山」書擋和書籤：對中國詩句「書山有路勤為徑」的藝術表達。書擋的形象如山，而動物在山上漫步；動物可被抽取出來當成書籤。高高低低的書構成新的山岳，而書籤上的動物開始新的漫遊。

快樂地吃土

　　QUALY 來自微笑國度泰國，在創立之初承接原創設計製造業務，為汽車、家居、電器等不同產品提供塑膠製品的生產和設計服務。儘管一向盡力用設計展示出色的想法，向客戶提供最優的解決方案，一些客戶並沒有條件，或者無法如 QUALY 所願般接受所有創意。QUALY 集合手頭上的資源，包括自己的工廠和一個摩拳擦掌、目標一致的設計師團隊，決心開創自己的品牌，生產自己有熱情的創意，並憑自己的力量將產品推向市場。

　　將創意作為立身之本，QUALY 首先瞭解市場上的競爭對手。「如果從未瞭解競爭對手，我們無法做到與眾不同，如果無法與眾不同，我們便無法立足。」秉持這樣的信念，QUALY 積極參加海外展覽，在展示自己的創意成果的同時，瞭解各地的同類型產品。「市場如此多元，品牌又如此繁多，我們因此深刻地反思，想辦法獨樹一幟。」經過調研和思考，QUALY 慢慢找到發展之道：以一種貼心和幽默的態度，將與自然和諧相處，並從自然中找到快樂的理念注入產品設計中。

「四季」調味瓶：仙人掌、聖誕樹等代表不同氣候和季節的植物被放在調味瓶內，而胡椒粉、鹽等調味品變成這些植物生長的土壤和雪地。

「看門狗」鑰匙架：當插上鑰匙，小狗會從屋子裡跑出來表示歡迎，並履行保護鑰匙的
使命。當拿走鑰匙，小狗會回到屋內休息。

　　在大受歡迎的「四季調味瓶」中，QUALY 將仙人掌、聖誕樹等植物置
於調味瓶中，讓小小調味瓶化身為一個個微觀場景。在這些場景中，白色的
鹽仿若皚皚白雪，土黃色的胡椒粉構成沙漠。現代人厭倦兩點一線的生活，
嚮往說走就走的旅行，這樣的設計仿若將人帶到不同的地方，充滿新鮮感。
「看門狗鑰匙架」是 QUALY 的另一件熱賣商品。當忙碌了一天的上班族回
到家中，將鑰匙插入狗屋的鎖孔中，小狗會跑出來表示歡迎。在那一刻，一
天的疲勞瞬間融化，換來輕鬆而愜意的笑容。在「兔子窩海綿架」中，洗碗
的海綿在使用之後成為兔子休憩的草地。本來是最平凡、最不受關注的清潔
用品，卻構成一段動人情節中的療癒道具。

　　利用大量的植物和動物形象，QUALY 與消費者溝通自然的美好，而在
設計和生產的各個環節，QUALY 在消費者看不到的地方堅持環保的理念。
在環保還不是世界潮流的時候，QUALY 就下定決心將自己打造成一個環保

「兔子窩」海綿夾：清潔海綿在這個場景裡成為兔子休憩的草地。

品牌。盡可能地使用環保材料，將天然材料融入塑膠製品的設計和生產中，甚至主動參與試用新發明的綠色材料，QUALY 踐行環保理念，並希望產品使用者因此更加關心社會，對環境抱有更強烈的責任感。

　　產品設計的本質在於更好地使用，而 QUALY 更進一步，希望使用者能在使用其產品時感到快樂，並在與自然的互動中體驗自然的美好。憑藉創意的設計和環保的理念，QUALY 獲得泰國本土和國際設計獎項無數，並出口超過 50 個國家，為世界各地的使用者帶去「驚嘆和微笑」。未來，QUALY 希望提升自己的設計能力，繼續為建設更好的社會和環境貢獻力量。

QUALY 希望帶給消費者什麼？

　　我們嘗試向消費者傳達我們的設計概念，讓他們在使用產品或者服務的時候產生驚嘆和微笑。透過精心設計每個細節，我們令產品具備讓人快樂的特質。我們確保消費者可以有效地使用產品，並從中獲得生活靈感。如果產品因為某些原因有任何瑕疵或損壞，我們在其使用期內提供替換或修理服務。

　　除了消費者，我們還考慮到身邊的各種元素，包括經銷商、企業員工、供應商，還有我們的社會和自然，希望我們的產品能為每一個元素帶來優質生活和幸福感。我們創建自己的經銷商團體，介紹所有經銷商互相認識，成為朋友，讓他們在工作內外都可以互相支持。我們重視雇員的福利，無論是工作還是個人生活，我們努力消除他們的不安感，保證他們可以愉快地工作，有能力為家庭和自己的將來存一筆錢。我們和許多供應商合作，共同完善工作流程，以求實現最理想的工作效果。我們希望令產品使用者關心社會，對環境有責任感。我們使用對自然環境影響最小的材料，為了我們的下一代保護環境。

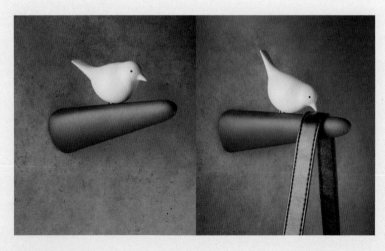

「啄木」掛鉤：當把物品掛在掛鉤（樹枝）上，麻雀會用它的喙輕輕啄一下，表明將好好守護。

「躲貓貓」掛鉤：當把物品掛在掛鉤（貓的尾巴）上，貓會從箱子中探出頭來，給你一個 surprise。

QUALY 的產品在設計上充滿創意。您會如何定義它的設計風格呢？

QUALY 的設計自然、有趣，像是一個有積極心態和語氣的好人。我們常常會在獨特外形設計之下隱藏一些「花招」。使用者第一眼看到產品的時候可能不明白它的全部功能，但可以在使用過程中可以弄懂、發揮它的最大功效。總之，我們會把產品的功用放在首位，這也是為什麼 QUALY 的產品多數是多功能的，並且還有一個小故事搭配它的外形和功用。我們希望使用者在每一次使用時都能從它身上得到驚喜。此外，使用者還可以向親朋好友展示產品的故事和使用方法。

QUALY 到目前為止遇到過的最大挑戰是什麼？你們是如何克服的？

我們遇到過幾個很大的挑戰，一個是世界性的經濟衰退，特別是歐洲和美國，我們的首要市場。我們一些重要的大客戶幾乎同時宣布破產，他們無法再向我們下單，甚至已發貨的訂單都付不出款項。我們能做的唯有保持冷靜，努力在沒有收入還要支付每月固定花費的情況下堅持下去，根據具體問題逐個解決。

另外一個挑戰是抄襲。我們多款設計都被別人「山寨」，劣質且低價出售。我們沒辦法避免別人抄襲或者把他們全部告上法庭，但是可以從這個問

題中學到東西。這種狀況讓我們清楚認識自己的生意，看清業務的週期，更瞭解產品本身。所以我們不會對被抄襲這件事感到擔憂或者後悔，而是繼續前進，一方面把設計做得更簡潔、更精細，讓產品更難被模仿，另一方面加快更新速度，讓抄襲者跟不上我們的步伐。

您對 QUALY 的未來有何展望？

我們很樂意為建設更好的社會和環境貢獻力量。我們盡力給其他年輕品牌做榜樣，展示如何經營一門對自然和社會有益的生意，如何在新的世界市場生存下來，不要成為來得快去得也快的潮流犧牲者。

透過與材料科學研究員和實驗室合作，我們是主動參與試驗使用新發明的綠色材料（如綠色 ABS、綠色 ABS＋木粉、咖啡粒）的首批公司之一。我們希望讓這些新材料在市場上傳播更廣，更為人所接受，也為其他使用環境友好型綠色材料的公司做榜樣。

除此之外，我們也在探索新的設計方法，讓產品更有價值地利用天然材料。例如設計更多多功能產品，或者用創新的設計減少材料用量。如此新設計的產品，越是能被廣泛使用（就算是大範圍地被抄襲），越是可以造福環境和社會。

在您看來，什麼樣的產品可以被稱為「文化創意產品」？

如果文化創意意味著用創意去創造某種文化的話，我覺得世界著名品牌蘋果和 Google 都可算是。蘋果是市場上創新的領頭羊（也承受著最先失敗的風險），但是它不斷嘗試開發創造，以改進人們原有的各種使用方式，例如電腦、手機、手錶等。同時這也激勵跟隨者們發展、前進，好與它一起跨進下一階段。

Google 則是互聯網相關服務和產品的免費供應商。是誰說過「天下沒有免費的午餐」？ Google 就是一項展示「所有人都有權利有機會接觸發明」的發明。現在我們都知道，Google 已經很迅速、很有效地成為我們生活的一部分。它提供開放的資源，全世界人們都可以更快、更好地發展。

「注意天氣」冰箱貼：如果明天下雨，可別忘記帶傘；如果明天天氣不錯，要記得和妻子的約定。不管是烏雲還是白雲，「注意天氣」冰箱貼將標明你記錄生活中的小事。即使只是放置著，也能成為室內的景觀。

「守護麻雀」鑰匙圈、鑰匙架：結束了一天對鑰匙的「守護」，麻雀回到它的住所，等待履行第二天的使命。在緊急時刻，它可作為口哨使用，是非常忠誠的朋友。

文創邂逅

在這個篇章，你將看到一些和你想像中不太一樣的產品：會自殺的鐘、包含星空的信封、報紙做的包、可以隨意彎曲的餐具（或根本不能使用的餐具）……，和一些比你想像中更好的產品：有故事的叉子、有性格的燈和有些萌的瓷器……，沒有經營之道，也沒有大道理，只有直抵人心的赤誠匠心和閃亮創意。不信？讓這十五個品牌邂逅你。

yuue
Studio For Product Design

創辦人／

翁昕煜（Weng Xinyu），產品設計師，工作室創辦人。出生於浙江臺州，畢業於德國包浩斯大學產品設計系。翁昕煜探索產品的情感互動性以及功能對外觀的影響。擅長使用最新的科技如單片機、3D列印等快速成型技術，將突破性的設計理念轉變成令人驚嘆的互動產品。

陶海悅（Tao Haiyue），藝術家，工作室創辦人。出生於浙江杭州，畢業於德國包浩斯大學公共藝術系。除了創作藝術作品，陶海悅大膽地將其藝術思想與觀察注入產品設計當中。

www.yuuedesign.com

探索設計與藝術的界限，表現用戶體驗中的交互性和情感功能

　　成立於德國柏林的 yuue design 是一個年輕的產品設計工作室，由畢業於德國包浩斯大學的翁昕煜和陶海悅創立。致力於探索設計與藝術的界限，yuue 長期處理概念性的設計專案。它為多家國際品牌公司設計燈具、家具、生活用品、電子產品以及展覽裝置等，作品視角獨特，尤其擅長表現用戶體驗中的交互性和情感功能。曾受邀參加科隆國際家具展、法蘭克福設計展、斯德哥爾摩設計展、倫敦設計節百分百設計展等國際展覽，是國際設計舞臺一顆冉冉升起的新星。

Time Killer（時間殺手）時鐘：殘酷現實的最佳展現。如果沒有人在場，它就會用鋸子切割自己的身體。如果有人出現，它就靜止佯裝無事。時間流逝，終有一天它會一分為二。這一出怪誕的場景留給人們無限遐想。

Ooops!（糟糕！）系列燈具：將在朋友家聚會時不小心弄壞他家東西的尷尬化成樂趣。當拉動開關，卻發現燈泡被一同拉出，以玩笑的方式製造一個戲劇化的開場。（合作品牌：麻麻木 Mamamoon）

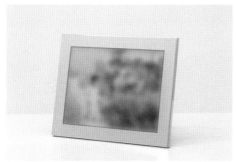

詩意相框：源自對時間和記憶的理解。一旦人們忘記了它，照片會慢慢變得模糊，彷彿記憶慢慢消散。如果用戶再次觸摸相片，它又會再次變得清晰。

WUU

www.wuu.im

創辦人／

陳福榮，設計師，一九八七年生，現居廈門，二〇一四年創立設計品牌 WUU，致力於研發適合當下使用方式與體驗的家具日用品。二〇一五年獲『安邸 AD』設計上海中國設計新銳平臺最佳設計新銳，作品及專案受邀參加倫敦設計節百分百設計展、米蘭設計週等國際展覽。二〇一三年曾發起『錘子與莊子』專案，探訪一系列『邊緣創作人』並構成上海藝術設計雙年展邀請展的一個部分。

考量功能也雕琢風格，由此提供良好體驗與獨特形式感

　　WUU 成立於 2014 年，是一個設計驅動的家具日用品品牌，致力於對材料工藝的極致追求和對日用需求的審美升級，讓物品在使用中展現價值。同時，WUU 持續參與藝術設計專案，探索設計的邊界。考量功能也雕琢風格，由此提供良好體驗與獨特形式感；選用富有生命力的材料，從不對現有工藝流程妥協。WUU 相信，物品在被長久使用時，才得以實現永恆。

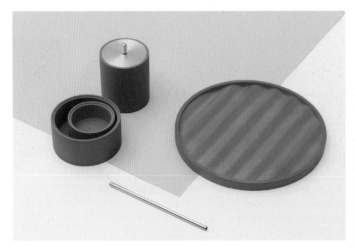

水泥黃銅容器與波浪圓盤：輕薄的藍色水泥容器與波浪圓盤為手工製作，在重量和顏色上突破水泥給人的沉悶印象；純黃銅容器蓋在成型後，表面經手工拋光及複雜的消光處理，實現雅緻的光澤。

Light X 全鋁長條工作燈：開燈、關燈，人與燈最直接的互動無非這樣簡單的動作。Light X 捨棄多餘的功能及複雜的互動，以儀式感的細節強調開與關。在一體化的燈體表面，符號性質的凸起開關充滿雕塑感，在「＋」與「×」間自如轉換。

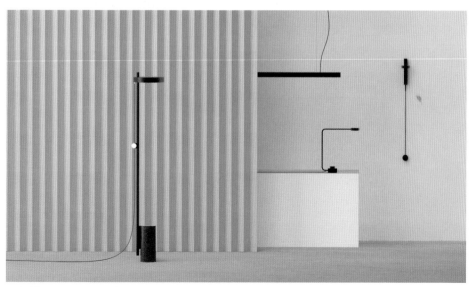

T 系列燈具：WUU 2017 年全新的燈具系列，試圖探索人與光最直接的互動。三款單品作為前瞻，分別是一盞閱讀燈、一盞適用於各種場景的壁燈和一盞使用大理石底座的落地燈。

創辦人／

www.haoshi.com.tw

楊皓鈞，一九七九年出生於臺北，從小喜歡畫畫，課本裡的塗鴉比筆記還要豐富。高中就讀復興美工，正式開始接觸設計。很幸運地在小時候就找到興趣，雖然成績總是讓媽媽頭痛，但是愛畫畫的他能從一些繪畫比賽拿到獎狀，也很肯定將來要做的事情。從學校畢業後，曾經進入設計公司工作，但是最後交出去的東西只是讓客戶滿意，並非出於自我風格，於是二○○八年創立 haoshi 品牌，將對生活細節的觀察與身邊美好有趣的事物轉化成令人感動的好產品。

帶領消費者發現生活中的「好事」

「天空有時很藍，有時很灰；太陽在夏天猛烈，冬天溫暖。城市在你眼中或許枯燥，在他眼中卻很精彩。生活在世或許辛苦，在我心中卻好幸福。」haoshi 的創辦人是一名樂觀的青年，他希望透過 haoshi，引導消費者專注生活中的「好事」，進而擁有快樂的心情。haoshi 的產品多以鳥類為靈感和造型，借這種自由的動物，haoshi 和大家講述不同的故事。

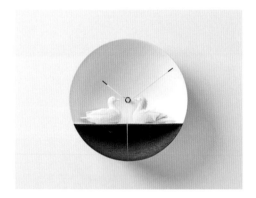

水鳥時鐘：以四目相對的水鳥指代深情凝視彼此的愛人，以紅色指針象徵戀人同步的心跳，以水面之下凝止的爪比喻攜手構築生活的樣貌與默契，細細刻印一幅圓滿的愛情風光。

麻雀時鐘：用麻雀這種活潑好動的小鳥指代為我們的生命帶來喜悅，卻又倏忽離去的過客，提醒我們珍惜眼前的美好。

燕子時鐘：十二隻往不同方向飛翔、擁有不同姿態的燕子取代傳統時鐘上刻板的數字，指代飛逝的時光。飛舞的動作凝結於瞬間，時間卻不停地向前走，靜止和流動兩種美感被巧妙融合。

TOAST

創辦人／

林雍順，產品設計師，美國羅徹斯特理工學院工業設計碩士，現任 TOAST Living 品牌總監。

www.toastliving.com

從生活用品的實用性與材質切入，加入對生活的觀察靈感

CASA 香薰機：以每秒 250 萬次的超音波震盪，將珍貴的精油分子完整地釋放於空氣之中。結合極富手感的黑岩瓷，帶來純淨、體貼、感知的生活哲學，營造現代人於城市中的生活氣味，尋找記憶中「家」的香氣。

2007 年夏季誕生的臺灣品牌 TOAST（吐司）從生活用品的實用性與材質切入，加入對生活的觀察與簡潔的設計理念，創造出充滿「質感」的細膩產品。一如「潤」字，TOAST 追求一種光滑細膩、穠纖合度的微妙狀態，不僅是工藝美學歷久追尋的精緻觸感，更象徵人們在忙碌的工作與生活中，達成各種面向的巧妙平衡。在 TOAST 看來，「生活就像一片吐司，可以很簡單，也可以加上各式的佐料，創造出不同的風味；設計也如同烹飪，以最基本的元素入菜，創造出無限可能與豐富體驗。」

WEAVER 茶具：竹編是經典的東方工藝，而飲茶是傳統的東方習俗。將常見的竹編紋路轉化成陶製茶罐上蓋的紋飾與金屬沖茶器的網孔，視覺與味覺的工藝共同交織出細緻的韻味。

BOTANICA 擴香枝：以植物的枝幹與花朵為靈感，在實現擴香功能的同時成為家居環境的美好點綴。

創辦公司／

福永紙工於一九六三年在日本立川成立，是一間主要從事紙加工和印刷的公司。

www.kaminokousakujo.jp

從紙出發，延伸出不同的創意與設計

　　紙被用在人們生活的每一細節，是人們工作和生活中最常使用的一種材料。在日本，生產者與設計師對紙進行技術和藝術層面的不同探索。2006年，日本福永紙工創立「紙的工作所」，與眾多知名設計師合作，利用高超的紙工技術和現代的設計語言，開發出造型與用途各異的眾多紙產品。因具使用、觀賞與教育等多重價值，作品受到日本各大博物館、美術館的歡迎，也受到世界各地民眾的喜愛。

空氣之器：以紙為原材料製作的器皿，輕巧且可任意變換形態。它是在一張紙上精密地加工出無數蜂窩狀洞孔而完成的，將紙的模切技術昇華至一種優美設計。它可以用於盛裝零食、包裝酒瓶或成為獨特的室內裝飾品。

星空信封：帶給居住在都市裡的人們療癒感的創意產品。信封內包含開著小孔的黑色紙套，光從小孔中透入，呈現出星星一般閃耀的景象。每個信封附有一張「看看信封裡面吧」的小便箋，提醒收件人探究其中的奧祕。是利用紙硬度低、易穿孔的特質進行的創作。

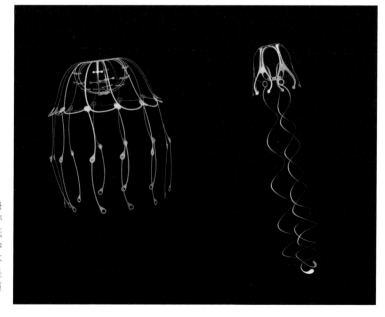

風水母：模擬水母在海中有節奏地舒張及收縮動態的紙掛飾。當它在風中擺動，觀者的心不由得安靜下來。是利用紙輕盈的特質進行的創作。

創辦人／

寺田尚樹，日本著名建築師、設計師、模型製造者、美食家。於二〇〇三年創建寺田尚樹設計。一級建築師事務所（Terada Design first-class architect office），業務範圍涵蓋建築、室內設計、家具設計、產品設計、導視與平面設計、展覽設計等不同領域，二〇一一年創建寺田尚樹模型（TERADA MOKEI）。

www.teradamokei.jp

透過人物、動物和環境的輪廓剪影化，傳達日本獨有的文化與生活之美

　　買房子的時候，我們會看到房子模型中有一些小的人物模型和表現環境的模型（樹木、長椅、動物等），這些小的模型由建築公司製作，目的是為了讓客戶掌握房子的尺寸感，並加強對設計內容的瞭解。日本的建築師寺田尚樹有次在展會時試著銷售這些模型，沒想到大受歡迎。通過組合搭建，人們得以傳遞不同的心情。受此啟發，寺田尚樹將此發展成一項事業。他將細緻入微的生活場景按照 1:100 的比例微縮成迷你的紙模型，表現都市生活、節慶民俗、朋友相處、可愛寵物等不同主題。透過人物和環境的輪廓剪影化，寺田尚樹呈現一個個親切、精緻、藝術的紙藝生活秀，令使用者得以一窺日本文化與生活的不同樣貌。

櫻花：開滿櫻花的櫻花樹下，人們漫步、歌唱、休憩，一個淘氣的人爬到樹上，一隻可愛的小狗在旁邊觀看。

奔跑的狗：在這個屬於狗的遊樂園中，大小形態各異的狗狗們進行著不同的遊戲，分外有趣。

秋葉：在蕭瑟的秋天，黃葉一片片地掉落下來，站在橋上的人欣賞著這獨特的風景。

貓咪咖啡館：在以貓為主題的咖啡館內，姿態各異的貓咪們或行或臥，而客人有的與之玩耍，有的安靜讀書。

創辦人／

歐傑盛（Jackson Aw），早期的藝術興趣是互動數位媒體和攝影，為此創建第一個品牌『紅軍照相機（Red Army Camera）』，收集進口各種老式俄羅斯照相機，再用印有街頭藝術家作品的皮料將相機翻修裝飾，這些成品熱門一時。由於本人是活躍的街頭藝術收藏者，歐傑盛追隨自己的興趣成立了超能傑士。過去的成功已成歷史，他正痴迷於這份新事業。

www.mightyjaxx.rocks

將街頭藝術變成可供收藏的藝術品

　　街頭藝術是一種創作於公共場域的視覺藝術，藝術家通常在未經批准的狀態下進行創作，創作主題往往反映社會議題，並具有一定的批判性。來自新加坡的超能傑士（MIGHTY JAXX）與來自世界各地的街頭藝術家合作，將他們的塗鴉、插畫、壁畫等平面設計轉換為供收藏的限量版 3D 藝術公仔，或邀請街頭藝術家一起進行藝術公仔的創作。隨著品牌發展，超能傑士的合作對象逐漸擴展至遊戲公司、跨國企業。在超能傑士的作品中，可以看見一種邊緣和黑暗的氣質以及不安與懷疑的精神。

Rony the Peculiar（古怪者羅尼）：來自韓國藝術家 AJO777。羅尼是一個具有超能力的男孩，用糖果和玩具取悅對方，卻伺機偷走對方的靈魂。

Mountaineer（登山者）：遊戲公司 Rivet Wars 旗下一款遊戲的經典遊戲形象。

XXRAY Tossakan：Tossakan 是泰國神話故事中的經典惡魔形象，半身解剖的設計令其更加毛骨悚然。這款公仔由藝術家 JPX、Jason Freeny 與超能傑士共同完成，在泰國 2016 年玩具博覽會發布時受到熱烈歡迎。

Hellraiser（地獄栽培者）：來自塞爾維亞藝術家 Shoné。人物身上的大鬍子、紋身，頭戴的摩托車帽和腳踩的骷髏頭都表明其桀驁不羈的性格。

創辦公司／

h concept：一家重視造物匠人與用
物大眾，希望透過產品為社會注入活
力的公司。由原創品牌『＋d』開始，
其後衍生的各種製品，均由各種企業
和原料產地的協助者一起製作而成，
具有非常好的評價。『真誠』這個詞
語被 h concept 一直放在內心，以此
為出發點，h concept 加入日常生活
的細節、顏色、溫度以製作最後的成
品。所有的工作都是為了顧客拿到 h
concept 的產品時能由衷地微笑。

www.plus-d.com

讓使用者歡喜是設計的本質

　　＋d 是日本 h concept 公司旗下的一個品牌，透過與日本多位自由設計
師合作，推出表現設計師們千奇百怪想法的生活用品。h concept 重視設
計師的直覺創意，任何看似不實用或不美觀的奇特想法，只要是有趣的，h
concept 都會重視，並與設計師共同將商品調整到最好。就是因為這份惜才
如金的公司文化，讓設計師在快樂的環境下設計出快樂的商品，消費者在使
用商品時自然露出快樂的微笑。在產品設計上，＋d 秉持「讓使用者歡喜是
設計的本質」這一原則，讓每件產品成為擁有故事情節的溫情之作。

喜怒哀樂眾生相之橡膠圓
臉：上班壓力很大？馬上
要考試，精神很緊張？那
就將情緒發洩在這些擁有
表情的「蔬菜」上吧！用
手擠壓，它們的表情將更
加豐富，帶給使用者破涕
為笑的治癒體驗。

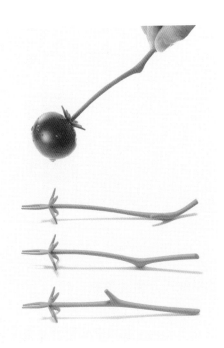

果柄叉子、人形叉子：一會兒變成果柄，一會兒化身
可愛的小人，這些創意叉子帶給聚會更多樂趣。

猴子集線器：
靈感來自喜歡
懸掛在樹上的
猴子，耳機線
化身猴子攀爬
的樹枝藤蔓，
讓人忍俊不禁。

創辦人／

張簡士揚，臺灣新生代創作者，「只是 ZISHI」品牌創辦人。畢業於實踐大學產品設計研究所，二〇一二年成立個人工作室，作品主要為插畫及產品設計。在設計中融入藝術思考，擅長揉捏古今中外元素，展現品牌獨特的幽默美感。

www.zishiart.com

在設計中加入藝術思維，揉合古典氣質與現代元素的美感

　　將傳統瓷繪藝術與富含現代意趣的插畫相結合，臺灣生活藝術品牌「只是」用充滿年輕人朝氣和幽默感的作品，向我們展示青花瓷的另一種可能性。在設計中加入藝術思維，揉合古典氣質與現代元素的美感，「只是」發展出簡潔且充滿節奏感的創作哲學。曾受邀參與巴黎家具家飾展（Maison et Objet）、北京設計週、臺灣文博會、上海時尚家飾展等各大展覽，合作者不乏餐廳、風格服飾、藝廊、美術館等具獨特識別性的風格品牌。

白紋瓷繪系列：選擇與人類生活親近的動物作為杯盤上的主角，以幾何圖形在旁襯托，為餐桌增添更多細節與樂趣。

極限老虎系列：老虎是張簡士揚最喜歡的動物，他想像老虎進行滑板這項現代極限運動，以不同的姿態展現其力量與靈巧，作品幽默風趣，令人忍俊不禁。

四季小碟系列：春天騎單車、夏天戲水、秋天放風箏、冬天泡湯，以每個季節從事的活動為主題，為四季的餐桌增添不一樣的驚奇。

能作
NOUSAKU

www.nousaku.co.jp

現任社長／

能作克治，讓能作轉型成功的靈魂人物，『時間的鑄造師』。用百分之百錫製作的易彎曲產品，即使找遍全世界也都沒有。能作克治希望透過這個新品進一步向世界展示高岡的技術能力，並把更多的機會帶到這裡，努力讓這個城市更活躍。『透過向全世界廣泛宣傳商品的魅力和技術能力，希望讓能作百年來為人稱讚的傳統鑄造技術延續到下一個百年。』

結合高超的工匠技藝與材料本身的特點，製造富有創意的餐具

　　能作（NOUSAKU）是來自日本高岡市，創立於 1916 年的品牌。創立以來，能作採用青銅及黃銅鑄造神壇、茶具、花器與裝飾用品，直至第四代社長能作克治先生突破傳統，不僅開發了極富設計感的銅製風鈴，更結合高岡工匠的獨特技藝與純錫殺菌無毒、不易氧化、可塑性強等特點，製造出一系列容易彎曲且富有光澤的餐具。自 2010 年開始，能作系列產品在歐洲展會上出現並備受國際矚目。如今，在紐約現代藝術博物館（MoMA）以及巴黎的精品店都可以看到能作商品的身影。

相撲手筷子架：靈感來自日本的相撲力士。初次使用時，使用者可自行彎曲產品，令它適用於放置餐具、戒指、卡片或作為裝飾品。桐木包裝盒的設計模仿了相撲選手角力的擂臺，增添產品的趣味。

富士山錫酒杯：
為了慶祝富士山
申請世界文化遺
產成功而推出的
作品。酒杯倒立
時仿若聳起的富
士山，而在使用
時會發現杯底還
藏有一座小富士
山。

立山酒杯：使用
同樣的材質和概
念，模仿位於日
本富山縣的立山
造型的酒杯。

Kühn Keramik

創辦人／

伯恩哈德‧庫恩（Bernhard Kühn）從小便與陶藝結緣，擁有將原始材料變成美麗物件的天賦，在巴黎接受專業的陶藝訓練後，他回到柏林開設了庫恩陶瓷（Kühn Keramik），將大膽的設計風格融入陶藝品的創作中。他的妻子克勞迪亞（Claudia）負責店鋪與工作室的營運和行政工作。

www.kuehn-keramik.com

金是庫恩陶瓷常用的裝飾材料，帶給人華麗和富足的感覺。

經常被誤以為來自法國的德國設計

　　一提到德國設計，我們首先想到的可能是嚴謹、簡約、冷靜的工業風格，但並非所有的德國設計都遵循這樣的法則。來自德國柏林的庫恩陶瓷（Kühn Keramik）追隨巴洛克時代的奢靡風格，從《愛麗絲夢遊仙境》中汲取靈感，再加上手藝人本身的趣味，創造一系列優雅與幽默並存的陶藝品。將金這種貴金屬塗於陶器表面，或為杯子製作把手，把《愛麗絲夢遊仙境》中的故事情節和動物形象搬到杯盤之上，讓優雅的奧黛麗‧赫本和伊莉莎白二世以插畫的形式登上杯盤……，庫恩陶瓷向世界展示德國設計的另一種可能。

堅持不把生意擴展成大量機器生產的模式，庫恩透過手工生產傳達他的理念。每件商品獨一無二，帶有強烈的手工痕跡。

讓名人以插畫形式登上杯盤，是庫恩陶瓷的一大特色。

除了日用品設計，庫恩陶瓷也進行一些藝術性的探索，「沒用的餐具」系列用黏土、炻器等「不實用的材料」製成日常用品，探索設計與藝術的邊界。

創辦人／

顏耀銘，平面設計師，中國福建籍，現服務於北京 a black cover design 設計工作室，從事品牌、包裝、字體、圖形設計等工作。

www.chali.tw

古法製茶、創新設計

作為自小喝茶長大的福建安溪人，平面設計師顏耀銘熱衷於茶帶來的舒適感和親切感。但他發現在身邊很多人眼裡，喝茶是年長者的專利，代表某種傳統、守舊的精神，而很多茶品牌沒有打破這種傳統，導致年輕一輩在生活上與「茶」越走越遠。隨著自己從事設計的時間越長，顏耀銘的這種失落感愈發強烈，他想為年輕人做一款茶，目標是讓身為設計師的自己也能拿得出手，顏查理因此誕生。團隊選取精心栽培的茶葉，遵循流傳百年的工序，採用素雅現代的包裝，體現「古法製茶、創新設計」的品牌理念。

武夷紅茶禮盒：
紅茶出自武夷深
山生態茶園，遵
循代代相傳的傳
統工序和製作工
藝：鮮葉採摘、
走水萎凋、揉
撚、發酵和乾
燥；設計突破常
規茶產品的設計
方向，以現代而
前衛的紅綠交織
代表光和風與茶
園的相交匯，以
復古英文字體傳
遞對傳統工藝的
尊重。該設計入
選 2017 年東京
字體指導俱樂部
（Tokyo TDC）。

顏查理鐵觀音禮
盒：鐵觀音來
自高山生態茶
園；包裝運用了
抽象的茶山、曬
茶的刷子、製茶
的工具等設計元
素，以田園風光
作為設計意境，
輔以清新素淨的
色彩，用現代手
法表達對自然
和傳統工藝的
尊重。該設計
獲得 2015 年平
面設計在中國
（GDC）專業組
包裝類提名獎。

創辦人／

朱哲琴，『看見造物』創辦人兼藝術總監、音樂藝術家以及當代中國創造宣導者。

www.kanjiancreation.com

KANJIAN
看見造物

對中國傳統材質與工藝進行當代詮釋與應用

　　「看見造物」是傳承中國造物智慧的原創設計平臺，宣導「上乘非奢侈」的品牌精神，汲取多種材質和手工藝精華，集結國內外卓著設計力量，與手工作坊聯合打造呈現代表性設計產品，致力於對中國傳統材質與工藝的當代詮釋及應用。

黑陶茶盤：靈感來源於雲南香格里拉尼西村黑陶工藝。茶盤表面平整大氣，實則具有向中央濾水處微傾的細緻弧面，集中水流方向。以棉線與陶錘代替傳統茶盤的塑膠管，排水時以陶錘牽引順棉線而下，降至底部的黑陶水罐深處，在視覺上形成仿若結冰的水柱，一併解決了塑膠水管外觀不雅和排水噪音問題。

墨蘭茶器：可沖泡茶葉，茶包也可以使用，是為喜愛茶文化的年輕人群特別推出的品茗把玩組合設計。採用宜興紫砂製作，器身如墨，其線如蘭，色澤溫潤，古雅可愛。

把酒瓷杯：精選景德鎮影青釉，明快淡雅，實用簡約。從中國古典園林的花窗形制中提取圓形、方圓形、桃形和海棠形四種形態為杯體設計造型，寓意吉祥。一杯可容酒一兩，可與好友把酒對飲，亦可花前月下獨自小酌。

他山香具：靈感來源於中國水墨畫，由著名設計師王一揚設計。古典畫構圖，不鏽鋼材質，噴漆焊接工藝，既有中國韻味又具當代元素。當香體點燃，煙霧嫋嫋升起，仿若山間雲煙繚紗，自有禪意。

聽園提盒：為中國木銅工藝特別訂製的限量版作品，由新中式家具設計師沈寶宏設計。採用傳統的「彎料指接」榫卯工藝，使木與木自然結合，突出表現了木材的材質之美與人的工藝智慧。

GIRIER MORE

創辦人／

藤井 TAKEO（Takeo Fujii）與淺野裕子（Yuko Asano），原來是任職於潮流服飾設計公司的服裝設計師，於二〇〇五年創立包具品牌 GIRIER MORE。

www.newtimecn.cc/brands/accessory/girier-more_cn.html

對古董印刷品進行現代設計，製作獨一無二的產品

　　GIRIER MORE 意在製造「世界上獨一無二」的提包和錢包，產品使用的材料、包身的花紋圖案均來自法國、義大利、英國、美國、日本等國家的古董報紙、雜誌、書籍以及地圖等印刷品。歷經歲月洗禮，古董印刷品有著獨特的韻味和質感。在古董印刷品材料的表面，日本的能工巧匠們透過染、揉、鍍等工藝——使用柿子染工藝上色，手工起皺加工，再加以樹脂鍍膜——讓原本「懼水」的紙變成防水材質。而這種鍍膜工藝讓紙材質在常年使用後呈現出皮質一般的韻味，成為真正的「獨一無二」。

老插畫錢包：取材於古董雜誌的錢包，重點表現風味獨特的舊時插畫，內裡材質為牛皮。

老報紙提包：取材自法國及德國的古董報紙，採用
乾淨俐落的水桶造型。

如果說古董印刷品帶有所屬
時代特有的設計風格與文
化韻味，那麼以設計、藝
術、時尚和文化為主題的
雜誌則更能反映這一點。
GIRIER MORE 採用的雜誌
包括創刊於 1928 年的建築
與設計雜誌 DOMUS；創刊
於 1950 年，壽命只維持一
年，但仍對現今雜誌產生深
遠影響的藝術與時尚雜誌
FLAIR；與創刊於 1892 年
和 1867 年，至今仍聞名遐
邇的 VOGUE 和 BAZZAR。

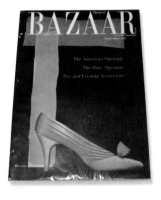

吃茶去
chī chá qù

創辦人／

廖偉，曾從事平面設計工作，現做一些『不設計的設計』和簡單、質樸、有趣的東西。試圖在日常生活中自然見道，做一種是物又超越物的『產品』，給予它們自然而然的感覺，讓設計呈現本質的、有精神氣質的狀態。

www.chichaqu.com.cn

結合古老的禪宗智慧與現代的簡約設計

「吃茶去」源於一個禪宗公案：1000 多年前，有兩位僧人從遠方來到高僧從諗禪師所在的禪院，請教什麼是禪。禪師問其中的一位，「你以前來過嗎？」那個人回答：「沒有來過。」禪師說：「吃茶去！」說完轉向另一個僧人，問：「你來過嗎？」該人說：「曾經來過。」禪師說：「吃茶去！」不管對方如何回答，禪師均以「吃茶去」一句引導弟子領悟禪的奧義，而「吃茶去」也成為禪宗歷史上一個著名的公案。

1000 年後，以此為名的服飾品牌「吃茶去」希望「在物化、焦慮、失衡的世界裡，提供一種質樸、愉悅的生活可能」。它將禪宗宣導的活在此刻和逍遙自在的生活態度，與現代簡約的設計風尚相結合，推出風格樸素、乾淨素雅的服飾、包與生活雜貨，為浮躁的現代人提供一種新的消費可能。

禪宗與老莊道家的精神有相通的地方，二者都宣導更本質和自在逍遙的生活態度，在當下生活也能引起共鳴。在老莊的世界裡，葫蘆是無用和自由的意象，葫蘆圖案常見於「吃茶去」的產品中，藉此表達品牌推崇的自由和逍遙的精神。

索引
· 品牌名錄

掌生穀粒
· 臺灣農產品

網站：www.greeninhand.com
電話：886-02-27237511

SNURK
· 床上用品 · 服飾

網站：www.snurkbeddengoed.nl
電話：31-20-7510954

物外
· 文具

網站：www.ystudiostyle.com
電話：886-02-23915281

鑄心工房
· 鐵製品

網站：www.chushin-kobo.jp
電話：81-023-625-4485

伊東屋
· 文具

網站：www.ito-ya.co.jp
電話：81-03-35618311

梵几
· 中式家居

網站：www.fnji.com
電話：400-641-6399

Blom & Blom
· 復古燈具

網站：www.blomandblom.com
電話：31-020-737-2691

KIKOF
· 餐具

網站：www.kikof.jp
電話：81-03-6677-0575

C-Brain
· 手錶

網站：www.cbrain.co.jp
電話：81-076-260-7123

竹語
· 雨傘

網站：
https://tkjjry.world.tmall.com

品物流形
・家居

網站：www.pinwu.net
電話：86-0571-8585-0202

FREITAG
・包袋 ・服飾

網站：www.freitag.ch
電話：41-43-210-3348

22
・配飾 ・家居

網站：www.22designstudio.com.tw
電話：886-02-2395-1970

mt 膠帶
・文具

網站：www.masking-tape.jp
電話：81-086-465-5812

QUALY
・生活用品

網站：www.qualydesign.com
電話：662-689-8591

yuue
・家居

網站：www.yuuedesign.com
電話：49-30-2392-9269

WUU
・家居

網站：www.wuu.im

haoshi
・家居

網站：www.haoshi.com.tw

TOAST Living
・生活用品

網站：www.toastliving.com
電話：886-02-2586-8979

紙的工作所
・紙質品

網站：www.kaminokousakujo.jp
電話：81-042-526-9215

寺田模型
・模型

網站：www.teradamokei.jp
電話：81-042-526-9215

Might Jaxx
・玩具

網站：www.mightyjaxx.rocks

+d
・生活用品

網站：www.plus-d.com
電話：81-03-3862-5020

只是
・餐具

網站：www.zishiart.com
電話：886-02-2732-0883

能作
・錫制餐具　・銅製品

網站：www.nousaku.co.jp
電話：81-766-63-5080

Kühn Keramik
・生活用品　・工藝品

網站：www.kuehn-keramik.com
電話：49-030-28384-695

顏查理
・禮品

網站：www.chali.tw

看見
・中式家居

網站：www.kanjiancreation.com
電話：86-010-5203-6616

GIRIER MORE
・包袋

網站：www.newtimecn.cc/brands/
accessory/girier-more_cn.html
電話：86-512-6660-8188

吃茶去
・服飾

網站：www.chichaqu.com.cn
電話：86-0755-8610-6865

* 僅羅列各品牌的主要產品類型，方便讀者購買體驗，更多產品請參閱品牌官網；
電話從品牌官網抓取，可能隨品牌發展產生變化，具體請參照官網資訊。